Staats- und socialwissenschaftliche Forschungen

herausgegeben

von

Gustav Schmoller.

Achtzehnter Band. Viertes Heft.

(Der ganzen Reihe achtzigstes Heft.)

Wilhelm Stolze, Zur Vorgeschichte des Bauernkrieges.

Leipzig,
Verlag von Duncker & Humblot.
1900.

Zur

Vorgeschichte des Bauernkrieges.

Studien

zur

Verfassungs-, Verwaltungs- und Wirtschaftsgeschichte vornehmlich Südwestdeutschlands im ausgehenden Mittelalter.

Von

Wilhelm Stolze.

Leipzig,
Verlag von Duncker & Humblot.
1900.

Alle Rechte vorbehalten.

Meinen Eltern.

Vorwort.

Die vorliegende Arbeit soll nur eine Skizze zur Vorgeschichte des Bauernkrieges geben. Sie beansprucht nicht, eine in jeder Beziehung abschliefsende Arbeit über dieses Thema zu sein; solche wird erst nach eingehendsten archivalischen Studien geliefert werden können[1]. Wenn der Verfasser sie dennoch glaubt erscheinen lassen zu können, so wird die Thatsache, dafs schon auf Grund des vorliegenden Materials eine genügend gesicherte Anschauung gewonnen werden kann, das vollauf rechtfertigen.

Der Verfasser hat sich auf die schwäbischen und fränkischen Gebiete, die vom Bauernkriege vor allen ergriffen wurden, beschränkt. Der Titel der Arbeit wird sich auch so rechtfertigen lassen: jede Stichprobe wird zeigen, dafs die Resultate dieser Arbeit über Schwaben und Franken auch für die anderen Gebiete, in denen der Bauernkrieg getobt hat, zutreffen.

Entstanden ist die Arbeit aus dem Bedürfnis des Verfassers, sich über die Eigenart dieser Bewegung, ihre Stellung in der Zeit und in der deutschen Geschichte überhaupt klar zu werden. Die Arbeiten, die bis jetzt zu diesem Thema vorliegen, vermögen dem, der sich mit dem Bauernkriege selbst beschäftigt, diese Klarheit nicht zu geben; sie sind entweder von demokratischer Tendenz beseelt: man weifs, dafs die Bewegung, die zur Revolution von 1848 führte, gerade zum Studium jener „Revolution" angeregt hat; noch immer lebt die Tendenz hier und da weiter; oder es haben sich Wirtschaftshistoriker dieses Stoffes bemächtigt, die mit ihrem Versuch, fernher und weithin wirkende materielle Kräfte zur Erklärung heranzuziehen, das Streben des Menschen, wie er zeitlich beschränkt ist, schliefslich unerklärt lassen; einzelne

---

[1] Es mag hier bemerkt werden, dafs die Archivalien der Kreisarchive Bamberg, Nürnberg und Würzburg dem Verfasser vorgelegen haben; jedoch wurden sie damals mehr auf die Geschichte des Bauernkrieges selbst hin durchgearbeitet, weniger auf die Vorgeschichte. Dankbar mag die freundliche Unterstützung der Archivverwaltungen, vor allem derer von Bamberg und Nürnberg, schon hier erwähnt werden.

Historiker der letzten Jahre haben sich von den Resultaten dieser Geschichtsbetrachtung blenden lassen und sie ohne weiteres übernommen. Nur hin und wieder, in neuester Zeit, hat die Betrachtung des gröfseren Zusammenhangs der Verfassungsgeschichte für die Vorgeschichte des Bauernkrieges fruchtbare Gedanken gebracht: der Verfasser freut sich, feststellen zu können, dafs sich ihm vom Studium des Bauernkrieges her im wesentlichen dieselben Resultate ergeben, zu denen Th. Ludwig in seinem Buche über den badischen Bauer im 18. Jahrhundert und G. v. Below in den tiefgründigen Abhandlungen, die er in „Territorium und Stadt" gesammelt hat, gelangt sind. Eine Monographie wird nichts destoweniger doch noch am Platze sein.

Es ist nicht die Absicht gewesen, zu jeder einzelnen Behauptung, die bisher gefallen ist, Stellung zu nehmen. Wenn schon die allgemeine Stellungnahme des Verfassers einzelnen Arbeiten gegenüber zeigen wird, dafs das so unbedingt nötig nicht war, — wie die Arbeit nur eine Skizze sein soll, so wäre sie damit über den Umfang einer solchen weit hinausgeraten.

Der Verfasser genügt zuletzt noch einer Dankespflicht, wenn er erwähnt, dafs ihm sein hochverehrter Lehrer, Herr Professor Dr. Max Lenz, die Anregung zu einer Arbeit über den Bauernkrieg und damit auch zu dieser gegeben hat. Wieviel er ihm verdankt, wird der ersehen können, der seine eingehende Kritik der Lamprechtschen Deutschen Geschichte Bd. V mit der vorliegenden Arbeit vergleicht. Auch Herrn Professor G. Schmoller gebührt der Dank des Verfassers, da dieser ihn zu einer Seminararbeit über die Lage des Bauernstandes im 15. und 16. Jahrhundert veranlafst und diese zum Vortrage und zur Diskussion zugelassen hat. Der Verfasser kann nicht schliefsen, ohne noch ein Wort tiefster Dankbarkeit dem Altmeister der Geschichte zu widmen, der ihm nicht nur Neigung zu geschichtlichen Studien eingeflöfst hat, sondern auch fortwährende Förderung hat zuteil werden lassen: Rankes Deutsche Geschichte ist ihm ein immer neu sprudelnder Quell der Erkenntnis auch des Bauernkrieges gewesen.

Berlin, im August 1900.

Inhaltsverzeichnis.

	Seite
Vorwort	VII
Einleitung	1
Erstes Kapitel. Die politischen Verhältnisse Südwestdeutschlands vom Interregnum bis zur Reformation der Kirche	4
Zweites Kapitel. Verfassung und Verwaltung in den südwestdeutschen Gebieten zu Anfang des 16. Jahrhunderts	17
Drittes Kapitel. Die wirtschaftlichen Verhältnisse in Südwestdeutschland vor dem Bauernkriege	41
Viertes Kapitel. Kirche und Staat in Südwestdeutschland vor 1525	54
Schluſs	57

In der deutschen Geschichte kann man in Hinsicht auf die staatlichen Verhältnisse zwei Epochen unterscheiden, die sich zwar nicht scharf trennen lassen, die aber doch genau bemerkbar sind.

Die erste Epoche charakterisiert die Gebundenheit alles staatlichen Lebens an den Grundbesitz. Es ist die Zeit primitiverer Kultur, in der die Lebenshaltung des ganzen Volkes sich noch eng an den mütterlichen Boden anschliefst: ein Mehr von Grundbesitz soll in dieser Zeit lohnen, was der Einzelne der Gesamtheit gegenüber geleistet, und soll zu weiterem Dienst in ihr verpflichten. Es kommt dabei nicht darauf an, von wem sich dieser Besitz herschreibt, ob von einzelnen Volksangehörigen, ob von der monarchischen Repräsentation der Gesamtheit. In dem erblichen Lehen ist diese Anschauung ausgedrückt.

Damit ist für die Zeit, in der der Beruf des Priesters, des Kriegers, des Beamten überhaupt die ganze Kraft in Anspruch nimmt und zur eigenen Bewirtschaftung des Bodens keine Zeit mehr läfst, ein Weiteres gegeben. Indem es sich empfahl, indem es verboten ward, selbst den Boden zu bebauen[1], ward dieser wieder ausgeliehen; gewisse Abhängigkeitsverhältnisse entstehen[2], Abgaben von Grund und Boden müssen dem Herrn den Lebensunterhalt zuführen, gewisse Dienste bald mehr politischer, bald mehr wirtschaftlicher Natur sollen ihn in Ausübung seines Berufes unterstützen[3]. Da das Lehns-

---

[1] Vergl. Löher, Ritterschaft und Adel (in Münch. Sitzungsber. 1861, 1) S. 378; auch H. Zöpfl, Das alte Bamberger Recht als Quelle der Carolina (1839) S. 64: die Geschlechter, welche ratsfähig waren, durften nur „müfsig" gehen. Nach Wilda, Gildewesen S. 75 (ebendort citiert), durften sie ihre „Neringe" (Nahrung) nicht mit Handwerk „gewunnen hebbe".

[2] Mit G. Fr. Knapp, Die Grundherrschaft in Nordwestdeutschland (in „Grundherrschaft und Rittergut", Leipzig 1897 S. 83), die Grundherrschaft als die älteste der bekannten Verfassungsformen anzunehmen, ist nach Brunner, Nobiles und Gemeinfreie der karoling. Volksrechte (Zeitschrift der Savigny-Stiftung XIX. Germ. Abt. [1898]) nicht angängig.

[3] In sehr prägnanter Weise drückt Knapp a. a. O. S. 84 das so aus: Der kleine Betrieb, dem der Bauer vorsteht, ist nicht um seinetwillen und nicht für ihn allein da, sondern ist in erster Linie dazu da, dem Herrn durch Abgaben die Möglichkeit des Bestehens zu gewähren,

wesen immer weiter um sich greift, ergiebt sich also eine staatliche Struktur, die auf den ersten Blick hin privatrechtlichen Charakter zu haben scheint. Die Grund- oder Lehnsherren, die sich vom Bauern den Unterhalt verschaffen lassen, sind und bleiben Staatsbeamte; der Bauer, der sie ernährt, vergilt damit, was sie ihm persönlich an öffentlichen Rechten zu gröfserem Nutzen seiner Wirtschaft abgenommen haben[1]. Diese Abgaben, diese Dienste stellen eine Art von Besoldung dar, eine Besoldung, die der Staat gewissermafsen in Form von Anweisungen seinen Beamten giebt[2]; nichts weiter, kein privatrechtliches Verhältnis ist mit ihnen begründet.

Nur im Zwange der Notwendigkeit hat der Staat eine solche Bindung von Mann zu Mann gestattet. Eine schwerwiegende Decentralisation aller Kräfte war die Folge: sie war vielleicht politisch bedauerlich, aber wirtschaftlich von gröfstem Segen.

Die Kultur des Bodens nimmt unter der Herrschaft des Lehnswesens zu, der Wert desselben steigt; die Bedürfnisse des Lebens werden gröfser, es gestaltet sich reicher aus, Handel und Verkehr blühen immer stärker auf. Langsam und stetig durchbricht die Geldwirtschaft die Naturalwirtschaft. Immer neue Ansprüche an den Staat werden laut: eine stärkere Centralgewalt, die die aufkommenden Gegensätze vermittelt, wird erwünscht. Den centralisierenden Bestrebungen, die also im Interesse der Kultur liegen, entspricht die Naturalwirtschaft nicht mehr; das Geld, „ein Symptom, keine Ursache"[3], pafst zu den neuen Verhältnissen viel besser. Schliefslich verdrängt es alle naturalwirtschaftlich-lehnsrechtlichen Beziehungen von Mensch zu Mensch.

Die zweite Epoche, die in der deutschen Geschichte erst

---

und was nach Ablieferung des schuldigen Getreides, Geldes oder Kleinviehs noch übrig bleibt, das verzehrt der Bauer mit Weib und Kind.

[1] Bekannt ist, dafs sich im ganzen Mittelalter minderkräftige Volksgenossen an stärkere ergaben; sie gaben damit etwas von ihrer „Altfreiheit" auf . Um „iren nutz schaffen" und „irer arbeit nachgeen" zu können, wollen 1525 die Stühlinger Bauern auf das Recht an der Assistenz bei Blutgerichten verzichten. Vergl. Baumann, Akten zur Geschichte des Bauernkrieges in Oberschwaben S. 192; vergl. auch G. Schmoller, Die sociale Entwickelung Deutschlands und Englands hauptsächlich auf dem platten Lande des Mittelalters (im Jahrbuch für Gesetzgebung und Verwaltung XII) S. 210.

[2] Vergl. z. B. Karl Lamprecht, Deutsches Wirtschaftsleben im Mittelalter III, S. 299/300. Auch die Besprechung des Buches von U. Stutz, Geschichte des kirchlichen Benefizialwesens von seinen Anfängen bis auf Alexander III., durch Hinschius in der Zeitschrift der Savigny-Stiftung XVII, Germ. Abt. S. 140. Denn auch auf die kirchlichen Verhältnisse findet Anwendung, was von den staatlichen gesagt ist.

[3] M. Lenz in der Kritik Lamprechts (Sybels Historische Zeitschrift N. F. Bd. 41) S. 410.

mit dem 19. Jahrhundert beginnt[1], ist die der reinen Geldwirtschaft. Der Staat kennt jetzt jene Mittelinstanzen nicht mehr, die das Beamtentum nach Lehnsrecht darstellte: vor ihm stehen jetzt faktisch, nicht mehr nur ideell, alle Individuen gleich da.

Wir kennen jetzt Ausgangspunkt und Endpunkt der ganzen Entwickelung, der politischen sowohl wie der wirtschaftlichen, die, wie wir sahen, in regster Wechselwirkung stehen. Wie waren die Verhältnisse vor 1525, wie waren sie in Südwestdeutschland? Nur auf diese kommt es uns an: denn hier, in den Gebieten des schwäbischen und fränkischen Stammes, ist die Bewegung von 1525 entstanden, hier hatte sie ihre Vorläufer, hier hat sie den Charakter angenommen, der sie uns so merkwürdig macht, und von hier aus hat sich jenes Programm der 12 Artikel verbreitet, dessen Durchsetzung vor allem den Bauern am Herzen lag. Die Resultate, die die Betrachtung der hier bestehenden Verhältnisse ergiebt, werden auch für alle jene Gebiete gelten, in denen ähnliche Bewegungen stattgehabt haben.

Den Weg mag ein Blick auf die Jahrhunderte südwestdeutscher Geschichte weisen, die der Reformationszeit vorangehen. Nicht ohne jedoch auch der Abwandlungen in anderen deutschen Landen zu gedenken; aus der Gegenüberstellung derselben und der in Südwestdeutschland wird der eigentümliche Charakter dieser Entwickelung besonders scharf hervortreten.

---

[1] Die Aufhebung der Patrimonialgerichtsbarkeit erfolgte bekanntlich erst 1850 in Preußen.

Erstes Kapitel.

Die politischen Verhältnisse Südwestdeutschlands vom Interregnum bis zur Reformation der Kirche.

Nichts ist für die Geschichte Südwestdeutschlands bestimmender gewesen als der Umstand, daſs nach dem Aussterben der Hohenstaufen eine starke, selbständige Centralgewalt hier nicht mehr aufkam: Franken und Schwaben blieben direkt dem Reichsoberhaupt unterstellt; keine Mittelgewalt wie im Norden kam hier wieder empor. Der Geschichte des deutschen Königtums und damit der des Kaisertums ist die Geschichte dieses Reichsgutes untrennbar verbunden.

Auch im Norden gab es Reichsgut, am Niederrhein z. B. Aber während dieses, wie es „zerstreut, inmitten aufstrebender Territorien lag und nicht durch eine gemeinsame Landvogtei zusammengehalten werden konnte, ein Ausscheiden aus der unmittelbaren Verbindung mit dem Reichsoberhaupte sehr erleichterte"[1], blieb das Reichsgut im Süden, auch unter den schwächeren Kaisern, mit ihm in engem Zusammenhange. Es war gewissermaſsen die Domäne des jeweiligen Königs, die immer zu seiner Verfügung stand. Er war hier der Herr; von ihm hingen die Städte ab, die civitates nostrae et imperii[2], die zu den Kosten des Reiches beisteuerten und ihre Kontingente zur Reichsheerfahrt stellten; an seinem Hofe fanden sich die ehemals staufischen Ministerialen ein, ihm folgten die Ritter, die hier belehnt waren. Es ist nicht zweifelhaft, der Grund dafür, daſs vorerst noch der König im Südwesten seine Macht behauptete, während sie ihm im Norden mehr und mehr entschwand, ist darin zu sehen, daſs vorläufig

---

[1] Vergl. A. Werminghoff, Die Verpfändungen der mittel- und niederrheinischen Reichsstädte während des 13. und 14. Jahrhunderts. Breslau 1893 S. 91. Über die Bedeutung dieser Verpfändungen in späterer Zeit vergl. G. v. Below, Territorium und Stadt. München 1900, S. 218.
[2] Vergl. H. Fischer, Die Teilnahme der Reichsstädte an der Reichsheerfahrt. Leipzig. Diss. 1883. Beilage I. S. 37 ff.

noch im Süden Europas die Interessen des Reiches lagen, die er zu vertreten hatte. So verlangt eine Geschichte dieser Lande die Berücksichtigung der gröfsten Zusammenhänge. Wie die Reichsinteressen sich abänderten und sich verschoben, ist für sie von höchster Wichtigkeit.

Da ist denn sehr beachtenswert, dafs diese immer mehr im Osten gefunden wurden.

Die Verbindung zwischen Deutschland und Italien wird immer loser. Seitdem das Papsttum unter den Einflufs Frankreichs geraten war, seitdem sich auch in der Kirche die nationalen Triebe bemerkbar gemacht hatten, hört das deutsche Interesse an Italien auf. Italien wird sich selbst überlassen; die Römerzüge werden seltener; seit der zweiten Hälfte des 14. Jahrhunderts verzichten die deutschen Könige darauf, dort Ordnung zu schaffen. Die Einwirkungen des Papsttums auf die Angelegenheiten der Kirche in Deutschland werden im Laufe der Zeit immer mehr zurückgedrängt: wenn ihm auch noch eine Menge Kanäle bleiben, um seinen Einflufs und seine Wünsche zur Geltung zu bringen, die Selbständigkeit der einzelnen Erzbistümer und Bistümer wird jetzt immer mehr gesichert. Infolge der konziliaren Bewegung wird Staat und Kirche in ein neues Verhältnis zu einander gesetzt: der Staat gewinnt jetzt der Kirche gegenüber eine festere Position; die Ansätze zu den Landeskirchen der späteren Zeit bilden sich. Das Interesse Deutschlands als eines grofsen politischen Ganzen an dem Papsttum und Italien hört also mehr und mehr auf. Die Aufgaben des Reiches, die Aufgaben des Königs und Kaisers werden anderwärts gesucht. Das Reich mufs einen neuen Lebenszweck erhalten.

·Im 15. Jahrhundert gewinnen die Verhältnisse des Ostens eine immer gröfsere Bedeutung. Wenn schon seit der zweiten Hälfte des 14. Jahrhunderts die Slawenwelt immer kräftiger und selbstbewufster auftrat, wenn sie der kolonisatorischen Thätigkeit der Deutschen einen energischen Widerstand entgegenzusetzen begann, so meldet sich jetzt an den Thoren des Occidents immer nachdrucksvoller der Feind, der die Geschicke Deutschlands für lange Zeit aufs nachhaltigste beeinflussen sollte. Immer stärker dringen die Osmanen aus Asien gegen Europa vor; Slawen und Deutsche sehen sich bald genötigt, hierhin Front zu machen; die Zeit ist nicht mehr fern, da päpstliche Abgesandte den Kreuzzug gegen die Ungläubigen predigen zu müssen glauben. Dieser Gefahr gegenüber erscheint jener Staat im Osten als die Vormacht Deutschlands, wie des ganzen Occidents, der sich auf dem Kolonisationsgebiet eben jetzt so mächtig wie nie zuvor ausgewachsen hatte: indem die Habsburger sich bemühen, die Kaiserkrone zu erhalten, indem die Kurfürsten sie wählen, wird die Mission des habsburgischen Hauses anerkannt. Zwar gelingt es vorläufig dem Hause noch nicht, das Erbe der Luxemburger, das ihm zugefallen, ganz beisammen zu halten. Während die Osmanen noch sich abmühen, ihre Macht in Europa zu konsolidieren, löst es sich in eine Reihe selbständiger Gewalten auf. Aber das Bestreben der Habsburger, des zukunftssicheren Friedrich, wie des bei allem Schwanken doch zielbewufsten Maximilian ging doch immer auf das Ganze des Erbes. Durch Verträge ward vorläufig wenigstens ein engerer Zusammenschlufs der Teile erreicht: eine Vereinigung des Ganzen ward in Aussicht gestellt. Habsburg blieb seine Mission gewahrt: da es die deutsche Königskrone und die Kaiserkrone trug, zeigte es sich, dafs die deutschen Reichsinteressen wie früher mehr im Süden, so jetzt im Osten lagen.

Noch nach einer zweiten Seite hin erschien das deutsche Volk im ausgehenden 15. Jahrhundert stärker als je zuvor engagiert. Man weifs, welche Erregung durch das Volk ging, als im Westen ein kühner Eroberer Stücke deutschen Landes an sich zu reifsen suchte. Der hundertjährige Kampf zwischen den beiden grofsen Westmächten war zu Ende gegangen: noch waren die Vasallen nicht sämtlich zu Boden geworfen; es ist die Entwicklung des 15. Jahrhunderts, das Verdienst des grofsen Königs Ludwigs XI., dafs das geschah: das Reich Karls des Kühnen ward von dem schlauen Diplomaten zerschmettert. Sofort waren auch die Ansprüche des deutschen Königs hier wachgerufen; gewifs war es ein ganz persönliches Interesse, das Maximilian auf diesen Kampfplatz brachte; aber sollte nicht auch der Wunsch des deutschen Volkes, soweit es politisch denken konnte, mit dem seines Königs sich in diesem Falle decken? Wie dem auch sei, genug, auch hier im Westen gewann das Haus, dem des Reiches Schutz anvertraut war, eine Position.

Es ist ersichtlich, von welcher Bedeutung das für den Südwesten sein mufste. Denn Südwestdeutschland ist die grofse Heerstrafse vom Osten nach dem Westen, von dieser zu jener Besitzung der Habsburger.

Wie war es Südwestdeutschland in dieser Zeit der grofsen Abwandlungen im Reiche ergangen?

Wenn noch lange nach dem Interregnum der enge Verband zwischen diesen Gebieten und dem Könige ungelöst blieb, wenn noch lange von ihm die Dienste der einzelnen Stände beansprucht wurden, mit der zweiten Hälfte des 14. und vollends mit dem 15. Jahrhundert ward das anders. Als die Kaiser im Osten ihres Amtes zu walten hatten, bedurften sie der Dienste der kleinen Gewalten des Südwestens nicht mehr: das Land ward sich selbst überlassen. Es ist die Zeit, da das Kampfgetöse hier nie verhallte. Alles ringt nach Selbständigkeit, nach Abschliefsung gegen den Nachbarn; wem das Glück hold ist, wer den Augenblick zu erfassen, die Verteidigungsmittel zu nutzen versteht, die die Natur dieser Gebiete für die mittelalterliche Kriegführung so zahlreich bietet, der erreicht sein Ziel.

Im Norden Deutschlands war es den Kleinen und Kleinsten nicht gelungen, ihre Sonderstellung den Gröfseren gegenüber zu behaupten: wir treffen dort ungleich weniger Reichsstädte an; auch die kleinen freien Herren sind dort minder häufig; sie wie die Ritter beugten sich der werbenden Macht des Landesherrn, auf dessen Landtagen sie sich einfinden, dessen Schutz und Schirm sie anrufen konnten. Wenn wir erkennen, dafs das im Südwesten anders war, wenn sich hier die Städte und Ritter wie die kleinen Herren der Macht der Gröfseren erwehrten, so werden wir das gewifs einmal und vor allem darauf zurückzuführen haben, dafs der König hier, auf dem Boden des Reichs, rechtend und schlichtend immer wieder eingriff. Wie denn wohl die Städte, die später selbständig erscheinen, den Blutbann dem Burggrafen oder dem Landvogt abkaufen konnten, die Bestätigung dieses Kaufes aber und die Übertragung der hohen Gerichtsbarkeit auf ewig vom Könige erst nachsuchen mufsten[1]. Dann aber werden wir uns die Kleinstaaterei, die diese Lande vor allem auszeichnet — vielleicht könnte das Schlesien, wie es vor Matthias Corvinus bestand[2], zum Vergleiche herangezogen werden —, daraus erklären, dafs die Natur hier die Bildung grofser Staaten sehr erschwerte, dafs sie auch dem Kleinsten die Möglichkeit der Selbsterhaltung bot. Es gehörten erst, neben anderen Voraussetzungen, die Mittel moderner Kriegführung dazu, diese Autonomien zu beseitigen.

Es entspricht dem, dafs in dem südlicheren Schwaben die Kleinstaaterei noch um einen Grad mehr entwickelt war als in den anderen Gegenden Südwestdeutschlands; wenn sie auch dort nicht fehlte, so hatten sich doch hier gröfsere Territorien bilden können.

Wir brauchen auf die Bewegung des 15. Jahrhunderts nicht näher einzugehen, nicht zu verfolgen, wie die Städte erst, nachdem sie sich im grofsen Städtekriege des 14. und in dem des 15. Jahrhunderts den gröfseren Machthabern gewachsen gezeigt und ihre Stellung sich gewahrt hatten[3], die hohe Ge-

---

[1] So verkauft Burggraf Friedrich VI. dem Rate der Stadt Nürnberg 1427 alle seine Rechte in der Stadt (Chroniken der deutschen Städte I [1862] Einl. S. XXIII); doch erst 1459 verleiht König Friedrich III. den Bann dem Rat für immer (ibid. S. XXVIII).
[2] Vergl. dazu F. Rachfahl, Gesamtstaatsverwaltung Schlesiens vor dem 30jährig. Kriege (Staats- und socialwissenschaftl. Forschungen XIII, 1).
[3] Vergl. W. Vischer, Geschichte des schwäbischen Städtebundes 1376—1389 (Forschungen z. deutsch. Gesch. II) S. 107. Zu den Streitigkeiten zwischen Städten und Territorialherren im 15. Jahrh. vergl. z. B. K. H. Lang, Neuere Gesch. des Fürstentums Bayreuth. I, 94 ff.

richtsbarkeit erwerben[1], und wie ihre Stellung auf dem Reichstage nun gesicherter erscheint[2], wenngleich sie noch lange wie bekannt von den Fürsten als unberechtigt angesehen wurde[3]. Wir brauchen auch nicht zu zeigen, wie in derselben Zeit wie die Städte auch die kleinen freien Herren in dem Sinne Landesherren wurden, als ihnen die Obrigkeit auch in Gerichtssachen zugestanden wurde; sie hatten, im Besitz von politischen Rechten, die den Rittern nicht eigneten[4], diese ihre Stellung zur Mehrung ihrer grundherrlichen Rechte[5] gebrauchen können. Es genügt der Hinweis darauf, dafs mit der Zeit Friedrichs III. die Bewegung noch nicht abgeschlossen war. Sie dauerte noch bis ins 16. Jahrhundert hinein: Kempten hat sich erst nach langen Streitigkeiten mit dem Abte des Stifts 1525 von der Obergewalt desselben befreit[6]; es gehört zwar nicht hierher, aber es mag doch darauf hingewiesen werden, dafs eine Stadt wie Salzburg noch 1511 den Versuch machte, sich zur Reichsstadt zu erheben[7]; erst nach 1561 war die Hoheit des Trierer Erzstiftes über Koblenz dauernd gesichert[8]. Und dann vor allem: es ist bekannt, in welcher tiefgehenden Erregung sich eben an der Wende des Mittelalters zur Neuzeit die Reichsritterschaft befand. Es ist das eine Erscheinung, die nur Südwestdeutschland eigentümlich ist, und es herrscht noch um sie ein wenig gelichtetes Dunkel. Wir müssen sie kennen lernen; wir müssen den Ursprung und das Ziel der Bewegung in der Reichsritterschaft uns klar machen. Dazu ist es notwendig, dafs wir erst die Vorfrage erledigen, was wir unter der Reichsritterschaft überhaupt zu verstehen haben: denn auch sie ist oft durchaus ungenügend beantwortet worden[9].

---

[1] Vergl. hierzu und überhaupt Fr. L. Baumann, Geschichte des Allgäus II, der zahlreiche Belege beibringt, und v. Stälin, Wirtemb. Gesch. III (S. 723 Anm. 3, S. 726 Anm. 4).
[2] Vergl. P. Brülcke, Die Entwicklung der Reichsstandschaft der Städte. Diss. Göttg. 1881 (Hamburg) S. 72: „Die ursprüngliche Anschauung" — dafs die Städte nur die Mitteilung von den Beschlüssen der „königlichen Fürstentage" (S. 55) entgegenzunehmen hätten (S. 96) — „geht mit der Zeit in die Meinung über, dafs auch die Städte von Rechts wegen zu den Reichsversammlungen gehörten, so gut wie die Fürsten."
[3] Vergl. dazu H. Keufsen, Die politische Stellung der Reichsstädte mit besonderer Berücksichtigung ihrer Reichsstandschaft unter König Friedrich III. 1440—1457. Berl. Diss. Bonn. 1885 S. 6: er bringt hier die Resultate der Gotheinschen Arbeit: Die vermeintliche Ausübung der Reichsstandschaft durch die Städte 1487—1495.
[4] Vergl. v. Zallinger, Ministeriales und milites. (1878) S. 64,
[5] Solche besafsen sie von Anfang an. Zallinger a. a. O.
[6] I. B. Haggenmüller, Gesch. der Stadt und des Stiftes Kempten I, S. 399/400, 421/2, 528/9.
[7] Vergl. G. A. Pichler, Salzburgs Landesgeschichte. Salzburg 1865. S. 296/7.
[8] Vergl. K. Lamprecht, Deutsches Wirtschaftsleben I, S. 1343 Anm. 1.
[9] So in der letzten Arbeit, die wir über die Reichsritterschaft

XVIII 4.

Es dürfte zweifellos sein, dafs wir in den Reichsrittern in erster Linie die ehemaligen milites der Staufer und der Bischöfe und Äbte[1] zu erkennen haben, die, nur[2] zum Kriegsdienst herangezogen und infolge davon die ständige Bemannung von Burgen und festen Plätzen[3], ihren kriegerischen Beruf bewahrt hatten. Und dann dürften auch die Dienstmannen jener kleinen Grafen in diesen Stand getreten sein, die, selbst nicht Fürsten, fremder Landeshoheit unterworfen waren: hier „fehlten alle Ursachen, die eine ähnliche Veränderung in der Stellung dieser Ministerialen hätten hervorbringen können wie bei denen der Fürsten"[4]; während diese eben wegen ihrer politischen Thätigkeit noch fort und fort weitere Lehen erhielten und also zu Landesherren werden konnten, nähern sich die der Grafen mehr dem Ritterstande: schon der Schwabenspiegel scheidet sie nicht mehr besonders von den ritterlichen Unfreien[5]. Eben aus dieser Thatsache vor allem dürfte sich erklären lassen, dafs wir in allen Gebieten Südwestdeutschlands, die um 1500 staatlich organisiert sind, Reichsritter antreffen, ganz gleich, ob sie grofs oder klein sind, ob sie weltlichen oder geistlichen Charakter tragen, und dafs es landsässige Ritter so gut wie gar nicht giebt[6]. Wie die weltlichen Fürstentümer dieser Zeit zusammengewachsen sind aus den verschiedensten kleineren

---

besitzen, in der von A. Overmann, Die Reichsritterschaft im Unterelsafs (Ztschrft. f. Gesch. des Oberrheins, Neue Folge XI): O. vermischt Reichsministeriale und Reichsritter. Dafs das nicht angeht, ist aus der Arbeit von Zallingers, Ministeriales und milites, ersichtlich.

[1] Nach J. Ficker, Über das Eigentum des Reiches am Reichskirchengut (Wiener Sitzungsber. 1872, 3) S. 61, sind bekanntlich „alle einzelnen Güter und Rechte der Reichskirchen als Pertinenzen einer dem Reiche gehörenden Hauptsache im Obereigentum des Reiches". Aus dieser Rechtsanschauung heraus konnten leicht die milites der Kirchenfürsten sich den milites des Reichsoberhauptes gleichstellen, wie denn auch die Dienstmannen der geistlichen Fürsten zu denen des Reiches gehörten (R. Schroeder, Lehrbuch des deutschen Rechtsgeschichte [3] S. 437). Vergl. auch Ficker a. a. O. S. 416.

[2] Eben darin besteht der Unterschied zwischen Ministeriales und Milites (v. Zallinger a. a. O. S. 14). Im Nordwesten Deutschlands giebt es diesen Unterschied nicht. Vergl. v. Below, Territorium und Stadt S. 34 und S. 177 Anm. 2.

[3] Zallinger a. a. O. S. 55.

[4] Zallinger a. a. O. S. 71.

[5] Zallinger a. a. O. S. 70. Ob die Ministerialen in Bamberg, deren Namen M H. Schuberth, Historischer Versuch über die geistliche und weltliche Staats- und Gerichtsverfassung des Hochstifts Bamberg. Erlangen 1790. S. 127, angiebt, nicht vielmehr milites gewesen sind? Jedenfalls sind die Namen jener Ministerialen dieselben wie die der späteren Reichsritter.

[6] Landessässigen Adel gab es scheinbar nur in der brandenburgischen Markgrafschaft (vergl. Roth v. Schreckenstein, Gesch. der freien Reichsritterschaft II, S. 147); in Baden gab es jedenfalls keinen (vergl. Th. Ludwig, Der badische Bauer im 18. Jahrhundert [Strafsburg 1896] S. 6) und ebensowenig in Württemberg, wie der Umstand beweist, dafs nach dem Tübinger Vertrag kein adliger Landstand mehr existierte.

Territorien, so haben sie die Bildung einer Ritterschaft nicht verhindern können, die als Reichsritterschaft eine interterritoriale Institution war[1].

Das ist eben das Eigentümliche an diesen südwestdeutschen Verhältnissen, dafs sich hier unter dem Schutze des Reiches Elemente des politischen Lebens zusammenschliefsen konnten, die allüberall sonst sich der gröfseren Macht unterwerfen mufsten[2]. Es ist dieselbe Zeit, in der sich im Norden, in Jülich-Berg z. B., eine Ritterschaft „konstituierte als eine Genossenschaft, die die Gesamtheit der innerhalb eines Territoriums ansässigen Ritterbürtigen umfafste"[3], und in der uns zum erstenmal die Bezeichnung der Ritterschaft Südwestdeutschlands als der Reichsritterschaft begegnet[4]. In derselben Zeit also, wo die Ritter im Norden in der Gesamtheit auf den Landtagen anfangen zu erscheinen, wo sie das Interesse des Landes, in dem ihr Besitz liegt, zu dem ihren machen, wird die Ritterschaft Südwestdeutschlands als eine Gemeinschaft aufgefafst, die alle Grenzen der einzelnen Territorien überschreitet. Gewifs erschien auch sie auf den einzelnen Landtagen oder liefs sich wenigstens, da wir von solchen doch erst vom 15. Jahrhundert an sprechen können[5], in den Landesangelegenheiten zu Rate ziehen[6]. Und gewifs waren die Terri-

---

[1] Die Bildung einer solchen interterritorialen Institution ist nur in Bayern und in Österreich nicht erfolgt; hier waren die Centralgewalten zu stark.

[2] v. Below, Territorium nnd Stadt S. 199. Vergl. auch J. J. Moser, Beyträge zu der ältesten Geschichte der Reichsritterschaft in Schwaben, Franken und am Rhein, bis auf Kaiser Maximilian I., in Maders Reichsritterschaftl. Magazin II (1783) S. 115/6.

[3] v. Below, Die landständische Verfassung in Jülich und Berg (1885) I, S. 11. II, S. 15.

[4] Overmann a. a. O. S. 574. K. H. Lang, Gesch. v. Bayreuth I, S. 102, behauptet, man habe bis 1500 von einer Reichsritterschaft nicht die mindeste Idee gehabt.

[5] Siehe S. 21.

[6] v. Below (Territor. u. Stadt S. 186) behauptet, das sei nicht überall der Fall gewesen; in einigen bischöflichen Territorien — Gierke, Genossenschaftsrecht I, S. 538 Anm. 5, auf den er sich mit beruft, behauptet das nur von Kurmainz — sei das Domkapitel der einzige Stand überhaupt gewesen und bilde für sich den Landtag. Er stützt sich dafür auf Joh. Jak. Moser, Von der Teutschen Reichs-Stände Landen (1769) S. 367 und 370, wo es heifst, dafs es in Kurmainz, Augsburg, Bamberg und Passau keine Landstände gebe. Mosers Angabe bezieht sich aber nach S. 359 § 15 nur auf die Zeit, in der M. schreibt. Der Ankündigung: „Nun will ich unsere einzelne Teutsche Land kurz durchgehen und zeigen, wo Landstände vorhanden sind" u. s. w. folgt von S. 359 ab die Aufzählung der Territorien, um bei ihnen anzumerken, ob Landstände vorhanden sind, oder nicht. Mosers Angabe durfte Below also nicht citieren. — Übrigens hat auch sonst Below nicht recht. Der freundlichen Mitteilung des Bamberger Kreisarchivars entnehme ich, dafs im Kreisarchive „aus dem Jahre 1466 als das älteste Dokument über den bambergischen Landtag ein Einladungsschreiben des Bischofs an die Stadt Vorchheim verwahrt wird, zwei Vertreter

torien zu jener Zeit noch nicht so abgeschlossen, die grofsen so wenig wie die kleinen, dafs man von einer bestimmten Stellungnahme dieser Ritter den Territorien gegenüber reden könnte; war doch das privilegium de non evocando, das Kurtrier im 14. Jahrhundert erworben hatte, so angezweifelt und durchlöchert und im 15. Jahrhundert dann so vernachlässigt, dafs es 1562 geradezu wieder erworben werden mufste[1], und ward doch auch das privilegium de non appellando erst 1458 erteilt, nicht ohne auch fernerhin Widerstand zu finden[2]. Aber doch war mit dieser Namengebung das Bewufstsein gekennzeichnet, dafs dieser niedere Adel seine eigenen Interessen habe. Dafs er sie vertreten wolle, dafs er das dürfe, war dem 15. Jahrhundert vorbehalten nachzuweisen: 1422 erteilte ihm Sigismund das Recht, sich mit anderen Ständen zu verbinden[3], und die Ritter haben es genützt; seitdem sind sie oft genug als Gesamtheit aufgetreten. Für die weitere Geschichte der Reichsritterschaft, besonders für die der Reformationszeit, ist die Thatsache von der gröfsten Bedeutung, dafs sie sich in Schwaben mit dem höheren Adel in der Gesellschaft vom St. Jörgenschild zusammenfand, und dafs dieser, hierdurch sowohl wie durch seine eigene Ohnmacht veranlafst, eine Unterwerfung dieses niederen Adels, vorläufig wenigstens, nicht anstrebte[4]: die Antagonie aller der kleinen Territorialgewalten gegen die zahlreichen Reichsstädte, die autonom geworden waren, mochte hier der Reichsritterschaft zu Hülfe kommen. In Franken und am Rhein dagegen, wo sie sich gröfseren Herren gegenüber sah, mufste sie nach einer engeren Verbindung trachten: den Ansprüchen, die der eben um die Wende

---

nach Bamberg zur Beratung über des Stifts Anliegen zu schicken". Von 1503 ab bis 1654 reicht dann die eigentliche Serie der Landtagsakten; 1654 hat der Landtag aufgehört zu existieren. Als Stände werden bezeichnet „Prälaten, Ritterschaft und Städte". „Nach 1579 fehlt die Ritterschaft." „Die Vertretung des Domkapitals erscheint mehr die des Kondominus, als eines Standes." — Ob Gierke, der sich ebenfalls auf Moser stützt, recht hat, lasse ich vorläufig dahingestellt.

[1] Vergl. Lamprecht, D. Wirtschaftsleben I, 1273 f., und Mosers Beyträge S. 133 f.
[2] Vergl. Lamprecht a. a. O. Ein Beispiel für einen Rekurs aus dem Bayreuthschen an das Kais. Kammergericht bringt Lang a. a. O. S. 84.
[3] Overmann a. a. O. S. 574.
[4] Wenn Ulmann (Kaiser Maximilian I. Bd. II S. 600) sagt, die günstige Gelegenheit, die der Reichsritterschaft 1507 geboten war, nämlich auf Grund eines neuen Ritterrechts ihre eigentümliche Standesart aufrechtzuerhalten, sei nie wieder zurückgekehrt, so widerlegt das wohl schon der Hinweis darauf, dafs seit der zweiten Hälfte des 16. Jahrhunderts bekanntlich die Reichsritterschaft die staatsrechtliche Anerkennung ihrer „Standesart" besafs. Ulmann sieht wie die meisten Historiker, die über die Vorgeschichte des Bauernkrieges geschrieben haben, nicht, dafs die südwestdeutschen Verhältnisse anders sind als die norddeutschen und auch die bayrischen.

des Mittelalters zur Neuzeit aufkommende Territorialstaat an sie stellte, wollte sie nicht genügen. Es kam das System auf, das Reich gegen die Anforderungen der Fürsten und die letzteren gegen die Ansprüche des Reiches auszuspielen[1], ein System, das sich hin und wieder wohl als ein zweischneidiges Schwert erwies, das schliefslich aber doch genutzt hat. Die Thatsache, dafs die Reichsritterschaft Frankens genau so gut wie die Schwabens endlich, nach langem Kampfe in der Defensive, eine staatsrechtlich garantierte Stellung aufserhalb der Territorien errang, wird jenes System vollauf rechtfertigen.

In der Reformationszeit aber befanden sich die Ritter noch in der Opposition. Doch wäre es falsch, in der Ritterschaft darum etwa eine Fronde zu sehen: nur in Beschwerden liefs sie erkennen, welch Unrecht ihr zugefügt wurde; nicht mit den Waffen in der Hand erhob sie sich gegen ihre Bedrücker. Dazu fehlte ihr vor allem der Wille.

Denn mannigfach waren doch die Bande, die sie an die gröfseren Herren fesselten. Wie die einschildigen milites der Stauferzeit nur ganz kleine Besitztümer als ökonomische Grundlage ihres Berufes erhalten hatten[2], so sahen sie sich später, als sich ihre Stellung geändert hatte, und die Lebensansprüche stiegen, auf den Dienst in den gröfseren Territorien angewiesen[3]. In der Reformationszeit treffen wir überall in den Territorien auf adlige Beamte. Naturgemäfs ist es, dafs die Ritter vor allem die geistlichen Fürstentümer aufsuchten: hatte sich doch hier, wo die Ritterschaft im Domkapitel vertreten war, und wo sie damit Einflufs hatte auf die Besetzung der höchsten Stelle, fast eine Adelsoligarchie herausgebildet[4]; es

---

[1] Ulmann a. a. O. S. 590.
[2] Below, Territorium u. s. w. S. 33/4 und S. 113.
[3] Die oft aufgestellte These von einem verarmten Adel ist falsch. Es ist unzulässig, wenn man von der ökonomischen Lage des niederen Adels im ausgehenden Mittelalter spricht, nur das vom Vater ererbte Vermögen zu berücksichtigen. Man hat bisher übersehen, dafs der Adel zu jener Zeit nicht nur von den väterlichen Renten lebt. Übrigens ändert sich die Stellung des Adels in ökonomischer Beziehung auch nach der Reformationszeit nicht: der südwestdeutsche Adel unterscheidet sich darin von dem norddeutschen. Th. Knapp, Das ritterschaftliche Dorf Haunsheim in Schwaben (Württemb. Vierteljahrshefte für Landesgeschichte N. F. V [1896]), hat S. 60 ff. nachgewiesen, dafs der Reichsritter selbst nicht in der Zeit, in der er seine Reichsunmittelbarkeit anerkannt sah und seine Rechte erweitert hatte, auf den Hofdienst verzichtete.
[4] Wie zahlreich die Interessen des Adels an den geistlichen Territorien waren, geht aus einem „Fürslag" hervor, den Claus von Dettelbach, ein fränkischer Adliger, „auf Bitt und Begehren etlicher vom Adel" 1527 verfafst hat, bei der Gelegenheit, als einige Ritter und die Grafen um Würzburg herum „sich von diesem Lande abzuziehen vermeinten". Dettelbach sucht sie von ihrem Vorhaben abzubringen, indem er darauf hinweist, was ihnen allen an diesem Fürstentum gelegen. Sie sollten doch bedenken, „dafs aller Kind in diesem Land Fursten werden mochten. Item so finde man die grofse Genad und gutthat, die von den Fursten,

findet sich die Bestimmung, dafs hier nur Adlige belehnt werden dürfen[1]. Aber auch zu den weltlichen Fürsten Südwestdeutschlands zog doch manches hin; wie die Ritter, die oft genug der Anlehnung an gröfsere Macht bedurften, nach jenen verlangten, so verlangten diese in Ermangelung einer landsässigen Ritterschaft nach ihnen; um 1500 sind in den weltlichen Territorien ebenso die Amtmänner dem Adel entnommen wie in den geistlichen; ein Mann wie Götz von Berlichingen ist immer nur in den Dienst von weltlichen Herren getreten.

Es leuchtet ein, dafs diese Doppelstellung des Adels in den Territorien schwer erträglich war. Nicht nur dafs fürstliche Amtleute den Adel in seinen Fehden auch gegen das Interesse des Landesherrn unterstützten[2]; wenn das Interesse des Adels dem des Landesherrn zuwiderlief, konnte es sogar vorkommen, dafs sich die Amtleute weigerten, ihren Verpflichtungen nachzukommen, und ihm die Ämter aufschrieben[3]. Die Fürsten durften das nicht dulden; ihnen war der Weg gewiesen; sie waren die Mächte der Ordnung und hatten zu-

---

je zu zeiten erwehlt und gewest, ihren geschlechten geschehen seyn und noch geschehen mogen". Item wieviele Adelspersonen in dem Fürstentum erhalten, ernährt und aufgezogen werden. Item die mannigfaltige Gutthat, die von den Domherrn ihren Geschlechtern und Freunden „auch mit Versehung, Pfründt und Gabe" geschehen seien und noch geschehen. Kreisarchiv Würzburg, Manuskriptensammlung Nr. 37, S. 178—183.

[1] R. Schröder, Lehrbuch der deutschen Rechtsgeschichte[3] S. 439.
[2] Vergl. Ulmann a. a. O. S. 594/5.
[3] Ich entnehme diese Thatsache einem Briefe des Bischofs Konrad von Würzburg an „Grafen, Herren und gemeine Ritterschaft zu Franken" d. Dinstag nach Judica 1523 (Kreisarchiv Würzburg. Tom. IV der Ritterschaftshandlungen S. 103): Der Pfalzgraf Ludwig hatte den Bischof um einen reisigen Zug gebeten; als der Bischof ihm einen solchen senden will, haben sich die würzb. Amtleute und Diener zu reiten geweigert. Als der Bischof sie nach vielgehabter Handlung, wiewohl unwillig, zu reiten zum letzten bewegt hat, ist der Ritt abgekündigt und ‚windig' geworden. Aber ehe sie von ihm abgeritten sind, haben sich etliche von ihnen in das Barfüfserkloster in Würzburg ‚verbottet', unterredet und ihm dann ihre Ämter und Dienste aufgeschrieben. — Wie stark die Antipathien mancher Edelleute gegen Würzburg waren, beweist folgender Passus aus dem Briefe: Auf dem Tage zu Schweinfurt ist, wie dem Bischof berichtet wurde, eine Schrift oder ein Zettel in die Versammlung oder den Ausschufs der Ritterschaft „geantwort" worden, worin für beschwerlich angezogen wird, dafs sich andere vom Adel zu würzburgischen Ämtern und Diensten begeben haben, „alles zu Verhinderung und dahin gerichtet, dafs der Bischof nicht Diener bekommen solle". — Man sieht, Bestimmtes weifs der Bischof nicht, aber er traut dem Adel alles zu. Hans von Miltz (oder Miltitz?) leugnet die Berechtigung solchen Mifstrauens; er äufsert — und das bietet recht wertvolle Einblicke in das politische Leben dieser geistlichen Fürstentümer — dem Bischof gegenüber, die zahlreichen Verwandten des Bischofs würden ein solches Vornehmen, wenn sie es erfahren hätten, nicht ungeahndet gelassen haben.

dem den besonderen Wunsch, in ihrem Gebiet ganz Herr zu sein. Zwei Wege standen ihnen offen. Entweder — sie mufsten diese Velleitäten brechen und sich völlig unterwerfen. Einige Fürsten sind diesen Weg gegangen, zu einer Zeit, als die kaiserliche Centralgewalt zu schwach war, um ihnen hindernd entgegenzutreten. Erreicht haben sie ihr Ziel aber nicht: seitdem fanden sie diese Ritter in dem Lager der Gegner vor[1]. Oder aber — sie mufsten die Herstellung einer Macht zu fördern suchen, die grofs genug war, um die Aufrechterhaltung des Landfriedens zu verbürgen. Wie sich dieser Weg vor allen den geistlichen Fürsten empfahl[2], die ihrem Adel gegenüber ganz besonders ohnmächtig erschienen, so ist es sehr bemerkenswert, dafs eben ein geistlicher Fürst, ein Mann aus dem Südwesten, aus Franken, der gewesen ist, der es als Lebensaufgabe betrachtete, diesen Wunsch zu erfüllen. —

Ziehen wir die Summe der politischen Entwickelung Südwestdeutschlands, soweit wir sie bis jetzt verfolgt haben. Es ist hier eine Kleinstaaterei entstanden, eine Vielheit von politischen Gebilden, die sich selbst überlassen keine Gewähr bot für Ruhe und Ordnung. Um so mehr, als der unterste aller politisch bevorrechteten Stände die richtige Stellung den anderen gegenüber noch nicht errungen hat, und zwar vor allem nicht in Franken und am Rhein, und auch in den Kreisen der Städte das Streben nach Selbständigkeit noch nicht aufgehört hat. Es kommt die Tendenz zum machtvollen Durchbruch, durch Herstellung einer stärkeren Obergewalt „dem Unwesen ein Ende zu machen"[3]. Dem kam man noch von einer anderen Seite entgegen. Wir sahen, wie die Interessen des Reiches andere geworden waren, wie sich die Habsburger im Osten und Westen eine gewisse Vormachtstellung errungen hatten. Der Südwesten, in dem sie Besitzungen von früher her noch hatten, und in dem doch noch weite Gebiete der direkten Verwaltung durch das Reichsoberhaupt vorbehalten geblieben waren, ist die Heerstrafse vom Osten nach dem Westen. Jener Tendenz, dem Unwesen zu steuern, entsprach auf seiten des Kaisers das Bedürfnis, hier Ordnung zu erhalten.

Man weifs, dafs eben das die Gründe gewesen sind zur Schaffung des schwäbischen Bundes[4]. 1488 ins Leben gerufen,

---

[1] Vergl. dazu G. Paetel, Die Organisation des hessischen Heeres unter Philipp dem Grofsmütigen (Berlin 1897) S. 10 ff.
[2] Wohl vor allem Würzburg, das dem Adel gegenüber am ohnmächtigsten ist. Der Bischof tritt erst 1523 in den schwäbischen Bund ein!
[3] Ranke, Über die Epochen der neueren Geschichte S. 127.
[4] Vergl. dazu Ulmann a. a. O. I, S. 55 ff. — Unwillkürlich fällt die Parallele auf, die zwischen diesem Institut und dem Fürstentag in Schlesien besteht, wie ihn Matth. Corvinus geschaffen. Vergl. Rachfahl, Gesamtstaatsverwaltung Schlesiens S. 95 ff.

vor allem, um dem vordringenden Bayern in Schwaben eine gröfsere Macht entgegenzusetzen, hat er im Laufe der Zeit immer mehr den Charakter eines grofsen Landfriedensbündnisses angenommen und als solcher sich immer weiter ausgedehnt, bis er schliefslich unter Karl V. fast ganz Südwestdeutschland in sich vereinigte. Wenn auch naturgemäfs nicht alle Fehden aufhörten und nicht alle Streitigkeiten vor dem Bundestage zum Austrag kamen, die Existenz dieses Bundes, die Macht, die er darstellte, mag manchen kampfesfrohen Mann bewogen haben, sein Schwert in die Scheide zurückzustofsen und zähneknirschend sich ein Urteil gefallen zu lassen, das nach seiner Meinung immer zu Gunsten des Mächtigeren ausfiel. Jedenfalls aber hat dieser Bund die grofse Bedeutung, dafs die Ordnung hier im Südwesten nun viel gesicherter erschien; es mag viel Wahrheit in dem Worte Leonhards von Eck liegen, dafs er vor allem den Städten zu gute gekommen sei; wir müssen bis zum Beweise des Gegenteils annehmen, dafs sich Handel und Verkehr unter seinem Schutze bedeutend gehoben habe.

Der schwäbische Bund hat in den ersten Dezennien seines Bestandes einen viel kleineren Umfang gehabt als in den letzten. Noch ein zweites Organ war daher notwendig, den Landfrieden zu wahren. Es ist bekannt, dafs das ganze 15. Jahrhundert hindurch immer von neuem die Frage erörtert worden ist, wie dieses Instrument beschaffen sein müsse, und dafs erst im ausgehenden 15. Jahrhundert der nationale Eifer, der sich gerade dieser Frage angenommen hatte, befriedigt ward. Er sah sich gar bald bitter enttäuscht: es zeigte sich, dafs die ständische Regierung, wie sie im Reichsregiment und am Kammergericht zum Ausdruck kam, ein Unding war: wie niemand zu den Lasten des Reiches beisteuern wollte, wie sie daher aller Mittel bar war, so konnte sie den weitgehenden Ansprüchen, mit denen sie auftrat, nicht genügend Geltung verschaffen. Das Reichsregiment war dem schwäbischen Bunde gegenüber machtlos. Niemand hörte auf seine Stimme: jener Bund war das Instrument der Ordnung, das man achtete und fürchtete; eben darum war seine Bedeutung hier in Südwestdeutschland auch gröfser, als die des Regimentes. Es ist wohl der Erinnerung wert, dafs er hier den gröfsten Umfang dann gewonnen hat, als sein Konkurrent die eklatanteste Niederlage erlitten hatte.

So war denn hier in Südwestdeutschland wenigstens die gröfsere Einheit hergestellt, die man in einzelnen Kreisen für das ganze Reich ersehnt hatte. Alle jene kleinen Gewalten, die sich hier nebeneinander erhalten hatten, fühlten wieder einen stärkeren Willen über sich. Es war nicht der des Kaisers, auch nicht der eines anderen politischen Faktors von sinnfälliger Bedeutung: denn die mannigfachsten Interessen walteten in dem schwäbischen Bunde; der Wille zur Ordnung vielmehr war es, dem die Macht zuerteilt war, um sich durchsetzen zu können. Es zeigte sich, daſs er die Welt zu bändigen verstand; jene unruhigen Elemente muſsten sich fügen; mit den Überbleibseln des Mittelalters räumte er auf; neue Werte wurden geschaffen.

Es scheint so, als ob eben das vor allem dem schwäbischen Bunde zu danken sei: was überall sonst in Deutschland bereits im 15. Jahrhundert erfolgt war, die Überleitung des mittelalterlichen Staates zum modernen in dem Sinne des Staates vom 16. bis zum 18. Jahrhundert, erfolgte hier erst zur Zeit des schwäbischen Bundes. Wenn gewiſs auch noch andere Momente zur Erklärung dieser Thatsache in Betracht kommen, wenn sich nur eine Bewegung auslebte, die schon zuvor bestanden hatte, den Einfluſs eines die Ordnung garantierenden Bundes auf diese Entwicklung wird niemand zu gering einschätzen dürfen.

Es ist die nächste Aufgabe, diese Entwickelung klarzumachen. Sie soll uns zeigen, wie die Kategorien der Staatsangehörigen, die sich schon frühzeitig von einer direkten Anteilnahme an dem Leben des Staates zurückgezogen haben, dem neuen Staate des 16. Jahrhunderts gegenüberstehen. Irre ich mich nicht, so werden sich die Ansichten von der Lage dieser Klassen der Bevölkerung, die man bisher gehabt hat, als der Korrektur recht bedürftig erweisen.

Zweites Kapitel.

Verfassung und Verwaltung in den südwestdeutschen Gebieten zu Anfang des 16. Jahrhunderts.

Mit dem Übergang der vollen Gerichtshoheit an die einzelnen Territorien und Städte, mit den Stadtrechtsreformationen[1] und der Neuordnung der Landgerichte[2], mit der Bildung von Hofgerichten ist der staatliche Abschluſs der einzelnen politischen Gebilde erreicht. „Die Tendenz, die das Leben der Nation um die Wende des Mittelalters zur Neuzeit überhaupt zeigte, in den einzelnen Landschaften eine sich selber genügende, autonome Gewalt zu erschaffen"[3], hat nunmehr einen Sieg errungen, der von entscheidender Bedeutung sein sollte.

Denn nicht mehr in dem Kaiser, vielmehr in dem städtischen Rat[4], in den Landesherren, die bis dahin nur die höchste Verwaltungsinstanz gewesen waren[5], erscheint nun jener „sou-

---

[1] Über Stadtrechtsreformationen, ihren Ursprung, ihre Bedeutung und ihren Inhalt vergl. K. Koehne, Wormser Stadtrechtsref. vom Jahre 1499, I (Berlin 1897), besonders S. 18 ff.

[2] Diese in den weltlichen Territorien früher als in den geistlichen. In Brandenburg z. B. schon 1447 Reformation des Landgerichts; 1458 wird ein Hofgericht eingesetzt (Lang, Gesch. von Bayreuth I, S. 76/8). In Württemberg wird 1475 ein Hofgericht gebildet (Stälin, Wirtemberg. Gesch. III, S. 375; vergl. auch Acta Borussica, Behördenorganisation, Einl. S. 68). In Bamberg wird erst 1503 das Landgericht reformiert. (Benign. Pfeufer, Beiträge zu Bambergs Topograph. u. Statistisch., sowohl älteren als neueren Geschichte [Bamb. 1792] S. 125 ff.).

[3] Ranke, Deutsche Geschichte im Zeitalter der Reformation[7]. Bd. I, S. 222.

[4] Dieser entspricht dem Landesherrn, nicht der Bürgermeister, der nur primus inter pares ist. Vergl. S. Rietschel, Markt und Stadt in ihrem rechtlichen Verhältnis (Leipzig 1897) S. 164 gegen v. Below.

[5] Vergl. zu den Ausführungen überhaupt Lor. v. Stein, Handbuch der Verwaltungslehre[3]. — Man wird geneigt sein, einzuwenden, daſs auch vor den Landgerichtsreformationen schon, z. B. in Bamberg und Würzburg, die oberste Gerichtsbarkeit bei den Landesherren gestanden habe. Das ist insofern richtig, als schon lange vor 1500 (in Bamberg seit 1248) die Bischöfe die Richter am Landgerichte setzten. Aber noch bis ins 15. Jahrhundert hinein waren die Landgerichte „königliche

veräne Allgemeinwille" dargestellt, der die Staaten schafft, jener Wille, der die „Unterordnung aller Grundherrlichkeit mit ihren Rechten und Thätigkeiten unter seine Herrschaft" verlangt[1].

Selbstverständlich, dafs er dort am prägnantesten zum Ausdruck kam, wo die Interessen der Gesamtheit einheitlich organisiert waren, in den weltlichen Territorien, wo nur ein Herr an der Spitze stand, und in den Reichsstädten, ob sie nun, wie in Schwaben, wo der Grofshandel nur hie und da seine Bedeutung hatte[2], mit von den Zünften regiert wurden, oder ob das Regiment ganz in den Händen der Geschlechter lag, wie in Franken, der grofsen Welthandelsstrafse[3].

Es ist ja bekannt, dafs die alten Ministerialenfamilien die

Landgerichte": im Namen des Königs wird dort gedingt. Seit dem 15. Jahrhundert ist der Name „königliches Landgericht" verschwunden (vergl. H. Zöpfl, Das alte Bamberger Recht u. s. w. S. 95: ebenda ist auch nachzulesen, wie zerfahren die Gerichtsorganisation im 15. Jahrhundert war). Es hängt zweifellos mit der Umänderung der Landgerichte zusammen, dafs seit dem ausgehenden 15. Jahrhundert unter den Reichsrittern das Bewufstsein entstand, von dem Landgerichte, vor dem sie doch früher ihr Recht gesucht hatten, beschwert zu sein. Die Bamberger Historiker, die über das Landgericht geschrieben haben, haben allerdings die Empfindung eines Unterschiedes zwischen dem Zustand vor 1503 und dem nach 1503 nicht. Doch ist das erklärlich: hat doch diese Umänderung für die grofse Masse der Bevölkerung nur geringe Bedeutung; sie hat Bedeutung nur für die Reichsritterschaft. Und diese beschwert sich denn auch sehr bald. — Welche Bedeutung solche Reformation sonst noch hatte, geht aus den Beschwerden der Würzburger Unterthanen bei L. Fries, Gesch. des Bauernkrieges in Ostfranken II, S. 57, 74, 235 hervor. — In Würzburg scheint das Anzeichen für die Abwandlung der Verhältnisse die Annahme des Herzogtitels seitens des Bischofs zu sein. Wenn auch seit 1168 die Würzburger Bischöfe häufiger als Herzöge zu Franken bezeichnet werden, so hat das doch für die Verwaltung des Bistums keinerlei Folgen (vergl. die Nachweise bei Th. Henner, Die herzogl. Gewalt der Bischöfe von Wirzburg. Wirzburg 1874, vornehml. S. 145). Erst seit Lorenz von Bibra (um 1500) bezeichnen sich die Bischöfe selbst als Herzoge (S. 132). Diese auffallende Thatsache, die Henner S. 142 wohl nicht mit Unrecht aus dem Gegensatz zu den Bestrebungen der Hohenzollern in Franken erklärt, zeigt wohl mit jene Prätension der Bischöfe an, auch über die reichsfreien Ritter in ihrem Gebiet ihre Gewalt auszuüben.

[1] Vergl. dazu L. v. Stein a. a. O. I, S. 46, auch F. Rachfahl, Organisation der Gesamtstaatsverwaltung Schlesiens S. 144 u. S. 227.

[2] Ich verweise hier auf Falke, Gesch. des deutschen Handels. Der Grofshandel entwickelte sich in Schwaben erst im 15. und 16 Jahrhundert. Mit ihm zu heben, hat wohl Karl V. nach dem Schmalkaldischen Kriege die Herrschaft der Zünfte beseitigt, die wiederherzustellen dann nie wieder ernstlich versucht wurde. Ranke, zur deutschen Gesch (G. W. VII) S. 30 ff. dürfte doch gegen L. Fürstenwerth, Die Verfassungsänderungen in den oberdeutschen Reichsstädten zur Zeit Karls V. (Gött. Diss. 1893) S. 102 recht haben: sein Opponent vermag gewichtige Gründe gegen Ranke nicht ins Feld zu führen.

[3] Diesen Unterschied zwischen Franken und Schwaben erkannte schon Fürstenwerth a. a. O. S. 11.

Städte verliefsen, als jene Privatvereine, wie man die Zünfte der älteren Zeit wohl genannt hat[1], in siegreichem Vorwärtsdringen jene spezifisch städtische Politik inauguriert hatten: nur einzelne zogen es vor, sich in die Bürgerlisten aufnehmen zu lassen. Die Verhältnisse in den drei bedeutendsten fränkischen Reichsstädten legen den Schlufs nahe, dafs es eben dort geschah, wo der Ursprung der Stadt aus der Burg noch dadurch deutlich bemerkbar ist, dafs die lehnsrechtliche Verbindung der Geschlechter mit dem Lande noch erhalten blieb, und dafs der städtische Bürger ebensowohl auf dem Lande wie in der Stadt seinen Wohnsitz aufschlagen konnte[2]. Und ebenso sehen sich alle anderen ansässigen Leute zur Erwerbung des Bürgerrechts gezwungen[3]; es wird niemand in dem Bannkreise der Stadt geduldet, der fremder Hoheit unterworfen ist. Damit ist die Grundlage alles modernen Staatslebens geschaffen; ein geschlossenes Gebiet ist jetzt in eine neue Einheit zusammengefafst: nur noch die geistlichen Korporationen sind es, die sich ihr entziehen. Und das ist gerade hier von schwerwiegendster Bedeutung. Während in den Territorien wohl diese geistlichen Korporationen auf den Landtagen erscheinen und dort hie und da den Willen zeigen, zu den Lasten der Gesamtheit mitzusteuern, verstofsen sie hier in den Städten oder in deren Territorien, wo es eine

---

[1] G. Schmoller, Die Strafsburger Tucher- und Weberzunft (Strafsburg 1879) S. 487.

[2] Vergl. K. Bücher, Die Bevölkerung von Frankfurt a. M. im 14. und 15. Jahrhundert S. 319 ff. und Lenz in der Kritik Lamprechts a. a. O. S. 400. Was Lamprecht in „Zwei Streitschriften" (Berlin 1897) S. 59 f. gegen Lenz vorbringt, trifft die Sache nicht und widerlegt den Gegner, der von Städten im allgemeinen spricht und nicht, wie Lamprecht ihm supponiert, von Grofsstädten, in keiner Weise. — Lamprecht hätte die Frage, auf die alles ankommt, beantworten sollen, ob die Verhältnisse, die Lenz (vergl. auch Th. Zweifels „Rothenburg an der Tauber im Bauernkriege" S. 357) für Rothenburg nachgewiesen hat, auch für Nürnberg und Ulm z. B. zutreffen. Diese Frage stellt Lenz, und hier hätte Lamprecht den Beweis für die Richtigkeit seiner Aufstellungen erbringen sollen. Lamprecht, dem die Frage, nach der Darlegung der Rothenburger Verhältnisse, offenbar unbequem ist, geht auf sie nicht ein. — Auch hier kann sie nicht beantwortet werden. Ich verweise nur auf Christ. Scheurls Epistel d. a. 1513 (Chroniken der deutschen Städte XI. Nürnberg V, Anhang 16 S. 798), wonach in dieser Zeit wenigstens die Verbindung zwischen Stadt und Land bei Nürnberg ähnlich war wie bei Rothenburg. Es ist wohl anzunehmen, dafs sie auch vor 1504 nicht wesentlich anders gewesen ist. — brigens erkennt auch K. Kaser, Politische und sociale Bewegungen im deutschen Bürgertum zu Beginn des 16. Jahrhunderts (Stuttgart 1899), den Kern der Frage nicht im geringsten, die zwischen Lenz und Lamprecht erörtert wurde. Wie sein Lehrer klassifiziert auch er nur die Städte in gröfsere und kleinere und betrachtet sie, um socialistische Tendenzen in der Bürgerschaft zu ermitteln, durcheinander, ohne der Unterschiede zwischen Reichs- und Landstädten zu gedenken (vergl. besonders S. 237).

[3] Bücher a. a. O. S. 324.

ständische Vertretung nicht gab, gegen den ersten Satz alles städtischen Gemeinschaftslebens, daſs einer für alle und alle für einen zu stehen verpflichtet sind.

In den Territorien hatte die Bildung des neuen Staates naturgemäſs gröſsere Schwierigkeiten zu überwinden als in den Städten. Selbst wenn ein einheitlicher Wille gegeben war, die Durchsetzung desselben war doch recht erschwert. Wir betrachten zunächst die weltlichen Territorien.

In gewissem Sinne hatte eine Einheit hier immer bestanden. Der Landesherr, der in seinem Lande der einzige Grundherr war, hatte nie die Rechte, die er über die Städte besaſs, sich streitig machen lassen; wie kaum eine dieser Städte in unserer Zeit schon zu irgendwelcher gröſseren Bedeutung gelangt war[1], so hatte nie eine wehrhafte Bürgerschaft sich unter dem Schutze der Mauern ihrer Stadt seinem Einflusse entziehen können[2]. Wir berührten schon, daſs es einen landsässigen Adel in Südwestdeutschland fast nirgends gegeben habe. Soweit er die Dienste der Landesherren aufsuchte, konnte er nicht gefährlich werden. Schon oft ist auf jene bedeutsame Abwandlung in der Geschichte der Verwaltung des ausgehenden Mittelalters aufmerksam gemacht worden, daſs an die Stelle des beneficiums und des ministeriums das officium tritt[3]: mit Hülfe der Ministerialität, mit der Anwendung des Zeitlehens wird das erbliche Lehen aus der Verwaltung verdrängt[4]. Der Adel war damit dem Herrn ausgeliefert; er konnte wohl in seiner Stellung als Amtmann ab und an als Grundherr erscheinen; zwischen den Landesherrn und dessen Unterthanen konnte er sich darum nicht einschieben. So ist

---

[1] Ich verweise darauf, daſs München noch eine kleine unbedeutende Stadt war (vergl. I. Janssen, Geschichte des deutschen Volkes [13/4] I, S. 310), und daſs Mainz nur eine geringe Einwohnerzahl hatte (Lamprecht, 2 Streitschriften S. 75).

[2] Es mag hier angemerkt werden, daſs die Behauptung R. Schröders (Deutsche Rechtsgeschichte[3] S. 612), der S. Rietschel, Markt und Stadt S. 150 f. folgt, zum Wesen der Stadt gehöre die Ummauerung, nicht richtig sein dürfte. So wenig sich gegen R.'s Geschichte der Entstehung der Stadt im Anschluſs an die Burg wird einwenden lassen, so sicher ist doch die angegebene These falsch. Zweifellos sind wohl alle politisch selbständigen Städte des ausgehenden Mittelalters durch eine Mauer befestigt: sie soll sie gegen ihre Feinde schützen. Bei den landesherrlichen Städten bedarf es solchen Schutzes nur dann, wenn sie anderweitig nicht geschützt sind. Da das bei Bamberg z. B. der Fall war, so hat der Bischof, allerdings sehr gegen den Willen der Bürger, die Ummauerung nicht zugegeben. Zwischen 1431 und 1439 war eben über das von den Bürgern beanspruchte Recht für die Befestigung der Stadt ein heftiger Streit entbrannt. Im Jahre 1525 wird Bamberg eine offene Stadt genannt (in der „Chronik des Bauernkrieges in Bamberg". Manuskript 285 im Kreisarchiv Nürnberg).

[3] Schmoller in den Acta Borussica, Behördenorganisation Bd. I, S. (47)

[4] v. Below, Die städtische Verwaltung des Mittelalters als Vorbild der späteren Territorialverwaltung (Histor. Ztschr. 75, 396—463) S. 414.

denn eine gewisse Einheit gewahrt. Dafs aus ihr ein Staat wurde, dazu war noch mancherlei notwendig. Es ist ein wenig beachtetes Zusammentreffen, dafs erst in der Zeit, als die einzelnen Territorien sich hier gegeneinander abschliefsen, als die Kleinstaaterei hier entsteht, die Stände emporkommen. Erst im ausgehenden 15., ja vielfach erst im 16. Jahrhundert werden die Städte zur Beratung der Landesangelegenheiten zugezogen, erst jetzt erscheinen der Adel und die Prälaten an dem Lande interessiert[1]. Es mag fraglich sein, was die Voraussetzung gewesen ist für die Landtagsfähigkeit der Ritter, ob sie in dem Besitze eines Lehens des Landesherrn, einer Burg zu suchen ist[2], die immer der Sitz eines Amtmanns war, oder ob der Ritter auf Grund seines Reichslehens zum Landtage berufen wurde[3]. Das wird noch zu untersuchen

---

[1] Von Landständen in Württemberg weifs Stälin, Wirtemberg. Gesch. III, S. 726 erst in der zweiten Hälfte des 15. Jahrhunderts zu berichten (vergl. auch Moser, von der Teutschen Reichsstände Landen S. 469 ff.). In den kleineren Grafschaften und Herrschaften Neuwürttembergs erscheinen sie überhaupt im Mittelalter nicht. Ob Lang, Gesch. von Bayreuth I, S. 108 ff., 124 f. recht hat, wenn er sagt, die ersten Landstände in Ansbach-Bayreuth seien 1509 resp. 1515 berufen worden, ist fraglich. — Ich füge hier gleich die Daten an für die geistlichen Fürstentümer. Gramich, Verfassung und Verwaltung der Stadt Würzburg, bemerkt S. 12, dafs schon 1276 Klerus, adlige Landherrn, Dienstleute und Bürger als Stände erschienen seien. Er hat wohl zweifellos nicht recht. Für Bamberg steht es fest, dafs für die Zeit vor 1466 keine Berufungsschreiben erhalten sind; Landtagsakten giebt es erst seit 1503. Vergl. S. 10 Anm. 6. — Wie daraus ersichtlich, trifft für den Südwesten Deutschlands nicht zu, was Below (Ldstd. Verf. I, S. 3) für Jülich-Berg behauptet: im Südwesten haben die Landstände nicht mit den Landesherren zusammen an der Ausbildung des deutschen Territorialstaats gearbeitet. — Ich möchte hier noch besonders auf den sehr beachtenswerten Ausspruch Maximilians I. vom 9. Sept. 1518 (citiert bei Ranke, Deutsche Gesch. I[7], S. 221 Anm. 1) aufmerksam machen: Max. bemerkte, als die Fürsten erklärt hatten, über eine neue Steuer erst mit ihren Unterthanen Rücksprache nehmen zu müssen, das sei nicht das Herkommen im heiligen Reiche, „solche Zusage zu thun mit eynicher Weigerung oder Condicion auf ihre Unterthanen, sei in bisher bewilligten Hülfen nie bedacht worden; sondern Churff. FF. und Stend haben allezeit frei gehandelt und bewilligt, nachdem sy Kaiser Mt. und des Reichs Churf. belehnt seyen, auch die Unterthanen schuldig seyn den Willen der Fursten und Obern und nit die Fursten und Obern der Unterthanen Willen zu verfolgen und Gehorsam zu beweisen". Aus diesen Worten geht deutlich hervor, dafs nach der Anschauung des Kaisers Landstände in dem Sinne Belows bis zur Reformationszeit nicht existiert haben.

[2] Diese landesherrlichen Burgen sind zu unterscheiden von den ritterlichen Burgen, über die dem Landesherrn keine Rechte zustehen. Vergl. Lamprecht, Wirtschaftsleben I, S. 1372 ff.

[3] Dafür spricht aufser dem im Text angegebenen Grunde noch manches, vor allem die Thatsache, dafs er sich später von den Landtagsverhandlungen zurückzog. Wollte man annehmen, dafs er als Lehensträger des Landesherrn berufen wurde, so müfste man nachweisen, dafs sich in allen Territorien nach der Entfernung des Adels ein neuer Beamtenstand herausgebildet hätte, oder dafs Bürgerliche als

sein. Das andere aber ist sicher, dafs die Prälaten erst dann Landstände wurden, als die Gerichtshoheit von dem Reiche an seine einzelnen Glieder überging. Mit der Thatsache der Ausbildung des neuen Staates also ist die Landstandschaft der Prälaten nicht nur in zeitlichen, sondern auch in ursächlichen Zusammenhang zu bringen. Wir können vielleicht danach auch die Frage nach der Voraussetzung der ritterlichen Landtagsfähigkeit beantworten; auch für diese Ritter wäre ihr Reichslehen das Kriterium gewesen für ihr Erscheinen auf dem Landtage. Die Teilnahme an der Beratung der Landesangelegenheiten wäre also gewissermafsen das Äquivalent für die Unterwerfung der Ritter, die Ausbreitung der Landeshoheit auch für sie, wie sicher für die Prälaten, die Ursache des Ständewesens gewesen. Wie dem auch sein mag, wir können hier nicht näher darauf eingehen, jedenfalls gab es vor dieser Zeit in Südwestdeutschland keine Landstände; die einzigen Stände überhaupt waren hier bis dahin die Reichsstände, Stände unter ihnen gab es nicht. In der neuen Institution, die jetzt entsteht, kommt das Gefühl der Gemeinsamkeit der Interessen zu lebendigstem Ausdruck. Man hat mehrfach behauptet, dafs damit eine landständische Verfassung in dem Sinne eines staatsrechtlichen Dualismus zwischen Landesherrn und dieser Vertretung des Landes gegeben sei[1]: davon kann nicht die Rede sein. Gewifs betonen die Stände, dafs sie ihre Beschlüsse im Landesinteresse fassen[2], gewifs fühlt sich der Landesherr ge-

---

Beamte verwendet worden wären. In Württemberg hat sich allerdings ein neuer Adel im Laufe der Zeit entwickelt (vergl. Below, Territor. und Stadt S. 199 Anm. 1), aber dieser neue Adel nahm an den Landtagen nicht teil. — Leider bringt Below a. a. O. S. 207 Anm. 1. wo er für aufserordentlich viele Territorier. den Nachweis führt, dafs die Existenz einer Befestigung das Kriterium für die Landtagsfähigkeit gewesen ist, nichts über Südwestdeutschland. — Wie unklar ihm übrigens die hier bestehenden Verhältnisse sind, beweist S. 198 Anm. 1: er spricht hier davon, dafs landsässige Ritterschaften zur Reichsfreiheit übergehen.

[1] Den Ausdruck „staatsrechtlicher Dualismus" gebraucht F. Rachfahl, Zur österr. Verwaltungsgeschichte (in Schmollers Jahrbuch XXIII) S. 1117, wo er gegen Tezner, Die landesfürstliche Verwaltungsrechtspflege in Österreich, polemisiert, und ebenso Below, Territor. und Stadt S. 255, vergl. auch S. 248 ff. — Es kann hier, bei einer Skizze über die Verfassung und Verwaltung der deutschen Territorien, nicht die Aufgabe sein, genau auf die Belowschen Thesen über die Landst. Verf. einzugehen, wie er sie aufgestellt hat in seiner Landständischen Verfassung von Jülich-Berg (1885—1890), in den Landtagsakten, Einleitung (1895) und in Territor. u. Stadt (1900). Hier kann nur darauf hingewiesen werden, dafs die Darstellung der Landst. Verf., wie sie B. giebt, trotz oder gerade wegen der juristischen Schärfe der Begriffe nicht frei von Widersprüchen ist, und dafs auch seine Anschauung durchaus nicht so begründet ist, wie es scheinen möchte: vieles dürfte konstruiert sein und auf eine petitio principii hinauslaufen.

[2] Was Below vornehmlich von Jülich-Berg sagt, dürfte im allgemeinen auch von den südwestd. Territorien gelten. Zu der Betonung

wöhnlich verbunden, diesen Beschlüssen nachzukommen; da er die Beratungsgegenstände proponiert, so würde er inkonsequent sein, wenn er nun zögerte. Aber niemand kann ihn dazu zwingen; er muſs erst die Beschlüsse billigen, ehe sie Rechtskraft erhalten[1]. Ihm steht die Berufung der Stände zu, die eigener Initiative entspringt[2], zu der er nicht verpflichtet ist[3]. Niemals repräsentieren die Stände ihm gegenüber das Land[4]; wenn sie auch das Landesinteresse als das bestimmende Moment bei ihrer Entschlieſsung gelten lassen,

---

des Landesinteresses durch die Stände vergl. Landst. Verf. I, S. 4, II, S. 80/1, Landtagsakten I, S. 59.

[1] Landtagsakten I, S. 55 und Territ. u Stadt S. 244 f. Man wird zugeben müssen, daſs danach von einem „staatsrechtlichen Dualismus" keine Rede sein kann. Wenn B. z. B. Landst. Verf. III, S. 1/2 eingesteht, daſs es sich in dem älteren deutschen Territorialstaat „freilich nicht um einen reinen Dualismus handele, daſs es manches gebe, was beiden Teilen gemeinsam ist," so wird man B. nicht nur zustimmen müssen, sondern wird genötigt sein, den Ausdruck „Dualismus" für unglücklich gewählt zu erklären.

[2] Eben das ist in der Regel der Fall. Nur ganz ausnahmsweise treten die Landstände aus eigener Initiative zusammen.

[3] Verpflichtet war er dazu durch Reichsgesetz bei der Errichtung von Landfriedensordnungen und beim Beginn einer Fehde (vergl. Landst. Verf. I, S. 66 ff.). Sonst war er es nicht. — Es ist zu beachten, daſs Below die Mittel nicht nachweisen kann (Ldst. Verf. II, S. 55), „durch die die Stände den Zweck erreichten, den Landesherren zur Einholung ihrer Zustimmung zu verpflichten." B. hat, um sie zu entdecken, von den von den Ständen später benutzten Mitteln zurückgeschlossen: später machten die Stände „bei Thronstreitigkeiten oder Thronerledigungen durch Aussterben des Geschlechts ihre Unterwerfung von der Gewährung von Konzessionen abhängig" u. s. w. Ist diese Art der Rückschlüsse schon anfechtbar, so beweist sie zudem nicht, was sie beweisen soll: daſs der Landesherr der Zustimmung bedarf, ist nicht bewiesen; wenn das bergische Rechtsbuch (a. a. O. S. 10) davon spricht, so ist die Notiz solange wertlos, als uns der Verf. desselben nicht genannt wird (das Rechtsbuch ist nach S. 5 eine „reine Privatarbeit, entstanden in der Umgebung des Hochgerichts von Opladen"); bewiesen ist nur, daſs der Landesherr die Zustimmung einholt: wenn er sie wieder im gegebenen Falle einzuholen verspricht, so ist das taktisch klug; etwas mehr daraus zu folgern, dürfte petitio principii sein.

[4] Wie Below (Landtagsakten I, S. 58 [hpts. Anm. 6 zu vergl.] u. S. 60, Territor. u. Stadt S. 244) behauptet. B. polemisiert überhaupt gegen Eichhorn und Gierke, die die Landstände nur für sich und ihre Hintersassen die Steuer bewilligen und für die andern Landsassen nur das Dasein einer allgemeinen Landeslast anerkennen lassen; die landesherrlichen Hintersassen seien von der Bewilligung ausgeschlossen worden. Der Ausdruck „Repräsentation", den B. anwendet für die ganze Zeit der landständischen Verfassung, in Bezug auf die „Unterstützung, Kontrolle und Einschränkung durch die Landstände", ist dem 17. Jahrhundert entnommen, einer Zeit, wo ganz zweifellos die reelle Macht der Landstände, ihr Hochgefühl am gröſsten war. Die „Besteuerung der Schatzleute und Freien, die von keinem Grundherrn abhängig sind", wird zwar auf Grund der Bewilligung durch Ritterschaft und Städte vorgenommen, aber doch eben erst, „wenn dieser Beschluſs die Zustimmung des Landesherren hat" (vergl. Anm. 1). Mit dieser Einschränkung fällt der Begriff „Repräsentation".

so ist doch nur der Landesherr und er allein der Faktor, der dieses Interesse kennt und es übersehen kann. Die Verfassung der Territorien, wenigstens Südwestdeutschlands, ist also keine landständische; das Staatsrecht kennt eine solche nicht; vielmehr neigt sie dem Absolutismus zu; wenn auch der Landesherr gewifs noch durch die Landstände in etwas beschränkt ist, der Absolutismus der späteren Zeiten kündigt sich doch hier schon deutlich an. Nur ein Herr regiert das Land.

Eben das ist der Hauptunterschied der weltlichen Gebiete von den geistlichen. Auch in diesen giebt es Stände; sie sind in nicht weniger Kurien zu unserer Zeit geteilt, als die in den weltlichen Territorien; die gegenteilige Behauptung hat sich als falsch erwiesen[1]. Aber die Regierung ist hier keine einheitliche: der Bischof mufs sich mit dem Domkapitel in sie teilen. Man weifs, in welchem Mafse dieses Kapitel fortwährend seine Position zu stärken suchte[2]: in den Wahlkapitulationen beschränkte es den Bischof mehr und mehr: „mit der Gewalt der Domkapitel" mufsten die Abgesandten der geistlichen Fürsten auf den Reichstagen versehen sein, zu allen Beratungen über die Landesangelegenheiten verlangten die Domherren zugezogen zu werden[3]. Das hatte seine Bedeutung noch nach einer anderen Seite hin. Wir befinden uns in einer Zeit, wo die materielle Grundlage für alle Regierungen vornehmlich noch der Grundbesitz war. Man kennt die Verfassungen der Bischofsstädte, die oft eine Mehrheit von Gemeinden eher waren als eine einzige Gemeinde. Neben dem Stadtgericht, neben der eigentlichen Stadt gab es eine Reihe von Immunitäten, von denen je eine irgend einem Kapitel zugehörte: aus ihren Einkünften wurden sie erhalten. Es war die Absicht der Bischöfe des 15. Jahrhunderts gewesen, und die Bürger hatten sie geteilt, die trennenden Unterschiede zu beseitigen und die Immunitäten mit dem Stadtgericht in eine Einheit zu verbinden. Das Ziel war erreicht worden: die Interessen der Verwaltung wie des Handels und Verkehrs hatten das in gleich dringender Weise gefordert. Als jetzt das Domkapitel seine Macht zu erweitern suchte, da hatte man hier und da wohl auf diese neuen Zustände Rücksicht

---

[1] S. 10 Anm. 6.
[2] Es ist die Frage, wann das energische Auftreten des Domkapitels hier in Südwestdeutschland begonnen hat. Die im Text gegebenen Thatsachen legen den Schlufs nahe, dafs wir dasselbe nicht vor die zweite Hälfte des 15. Jahrhunderts setzen dürfen.
[3] Man könnte glauben, dafs zwischen dem Domkapitel, in dem die jüngeren Söhne des Adels vertreten waren, und dem Adel, der auf den Landtagen erschien, ein gewisser Zusammenhang politischer Natur bestand. Dem scheint nicht so gewesen zu sein. Soweit ich die Landtagsakten von Bamberg kenne (1521—1525), tritt immer das Domkapitel an der Seite des Bischofs den Beschwerden des Adels schroff entgegen; es vertritt durchaus den Standpunkt der Regierung.

genommen: ich finde, dafs Mainz z. B. 1475 vom Erzbischof ganz dem Kapitel überlassen wird[1]. Aber doch nicht überall. In der Stadt Bamberg, in der eine einheitliche Verwaltung durchgeführt worden war, erregte es den höchsten Unwillen der Bürger, dafs das Domkapitel, nachdem es die Vertretung der übrigen Kapitel übernommen hatte[2], versuchte, den alten Stand der Dinge wiederherzustellen oder doch wenigstens die Verwaltung der Immunitäten von der der Stadt zu trennen[3]. Die Motive zu dieser Mafsregel müssen erst noch klargelegt werden; man bemüht sich vergebens, die Gründe zu erkennen. Jedenfalls ist das eine klar, dafs, welcher Art diese auch gewesen sind, die Thatsache eines solchen Vorgehens die Elemente des Widerstandes gegen die Mitregierung des Domkapitels bedeutend verstärken mufste. Wenn man sah, wie ungleich viel energischer die Regierung in den weltlichen Territorien geführt wurde, wie ohnmächtig namentlich dem Adel gegenüber die geistlichen Fürsten waren, so war es naturgemäfs, dafs die Revision der Verfassung dieser Territorien zum Sturze des Domkapitels führen mufste. Die geistlichen Staaten waren also nicht einheitlich organisiert; wie wohl einmal das Domkapitel sich selbst säkularisierte, indem es auf die priesterlichen Funktionen für seine Mitglieder verzichtete[4], und wie es so selbst den Anspruch aufgab, dem

---

[1] Vergl. Chroniken der deutschen Städte XVIII, 2, S. 186.
[2] Benign. Pfeufer, Beiträge zu Bambergs Gesch. u. s. w. S. 109.
[3] Ich setze die Stelle aus den Beschwerden der Bamberger Bürger d. a. 1525 hierher, der ich die Bemerkungen im Text entnommen habe (Bamberger Kreisarchiv, Bamberger II. Serie der Bauernkriegsakten, Fasz. II, 8): „Ander Gebrechenn dy Muntetter betreffendt: 1) Die Muntäten seien mit gemeiner Stadt in allem Mitleiden von Alters her gewesen. Darum haben sie noch einen Mitbaumeister im Burgerhof und ihre mitgeordneten Einnehmer in der Wochenstube. 2) Sie seien seit Menschengedenken dem Bischof nicht weniger „gelobt und gesworen" gewesen, wie ein anderer Bürger. 3) Wenn man zu Felde zog oder vor Schlösser, Kirchhöfe, Dörfer oder Städte, so sind Stadtgericht und Muntäten miteinander von Vierteiln zu Vierteiln durch Stadtgericht und Muntäten gleicher Weise als ein Volk gezogen. 4) Wenn der Rat zu Bamberg die 4 obersten Hauptleute oder ein Bürgermeister die Gassenhauptleute zu sich erfordert hat, so sind diese, nachdem zu den Muntätenrichtern geschickt war, ohne Widerrede erschienen. 5) Die Gassenhauptleute in den Muntäten sind den 4 obersten Hauptleuten im Stadtgericht mit Gelübden und Eiden „verwandt" gewesen, und ihre Wächter haben die Losung bei den obersten Hauptleuten sich geholt". — Und nun untersteht sich ein Kapitel, die Muntäten vom Stadtgericht abzuwenden, was Rat und Gemein ganz beschwerlich ist."
[4] In Salzburg (vergl. G. A. Pichler, Salzburgs Landesgeschichte S. 299/300). 1514 machte das Domkapitel einen ersten Versuch, sich zu säkularisieren und zwar mit Hülfe des Papstes. Dieser gab dem Drängen des Domkapitels nach. Natürlich widersetzten sich Erzbischof und Landstände: sie suchten das zu hintertreiben. Aber der Papst blieb bei seiner Sentenz.

"gemeinen Nutzen" zu dienen, so stellten sich dem Interesse des Landes die Interessen einer Adelsoligarchie entgegen, die dem gemeinen Manne unverständlich sein mufsten. Man sieht, wie hier die Ansprüche des Mittelalters noch fortlebten: die Frage war, ob die neue Zeit sie sich gefallen lassen würde.

Noch an anderen Stellen gab es solche Ansprüche, die sich aus dem Mittelalter hinübergerettet hatten. Während dort der Bischof zu schwach war, von sich aus energisch dagegen einzuschreiten, war es hier gerade der Landesherr, der es sich zur Aufgabe machte, sie zu beseitigen, der die Tendenzen der neuen Zeit vertrat. In den gröfseren Territorien, die wir bisher betrachteten, hatte sich die neue Einheit des Staates darin gezeigt, dafs sich die kleineren Gewalten den gröfseren unterwarfen und mit ihrem Erscheinen auf den Landtagen die Oberhoheit derselben anerkannten[1]: in den kleineren und kleinsten Territorien, die zumeist keinen Landtag besafsen[2], stellte nur der Landesherr die Einheit dar: es galt, den Staat erst zu bilden. In der Zeit der Rechtsunsicherheit vom 14. Jahrhundert ab war es gewesen, dafs sich zahlreiche Bauern diesem oder jenem Herrn zu Leibeigenen ergaben[3]; während das Institut der Leibeigenschaft, das mit der früheren Villikationsverfassung in Zusammenhang gestanden hatte, in der Schweiz eben um diese Zeit beseitigt wird[4], während wir in den gröfseren Territorien Frankens im ausgehenden Mittelalter keine Leibeigenen mehr finden[5], wird dieses Institut an zahlreichen Stellen Südwestdeutschlands neu begründet. Nur im Schwarzwald scheint es sich um 1500 noch von früher her erhalten zu haben[6], überall sonst ist es ein durchaus neues Verhältnis, das zwischen Herrn und Bauern besteht. Es ist sehr bemerkenswert, dafs es sich nur in den kleinstaatlichen Gebieten des Südwestens nachweisen läfst. Wie es ein Schutzverhältnis war, das den Bauern zu bestimmten Abgaben, den

---

[1] Ganz richtig bezeichnet Oesterreicher im Archiv f. Bayreuth. Gesch. u. Altertumskunde I, Heft 3 (1830) S. 67, die Klöster in Bezug auf ihre Einnahmen von Seiten der Unterthanen als Beamte des brdbg. Markgrafen. Vergl. auch Th. Ludwig, Der badische Bauer S. 66 ff.
[2] Die Territorien Südwestdeutschlands, die einen Landtag besafsen, findet man aufgezählt bei Gierke, Genossenschaftsrecht I, 540 f.
[3] Vergl. Bücher a. O. S. 478 ff. und vor allem S. 485.
[4] Vergl. P. Darmstädter, Die Befreiung der Leibeigenen in Savoyen, der Schweiz und Lothringen (Strafsbg. 1897) S. 61—77. Für die Motive der Befreiung vergl. die Recension in Schmollers Jahrbuch XXIV, 2, S. 360 (818).
[5] Vergl. K. H. Lang, Gesch. v. Bayreuth I, S. 42: L. kennt in Bayreuth nur einige wenige Edelmannshintersassen. In Würzburg giebt es keine Leibeigenen, wie die Beschwerdeartikel der Bauern bei Fries, Gesch. des Bkrgs. in Ostfranken, II, zeigen, ebenso nicht in Bamberg.
[6] Vergl. Gothein, Wirtschaftsgeschichte des Schwarzwaldes I (1892), der verschiedentlich auf die Leibeigenschaft eingeht.

Herrn zum Schutz und Schirm des Bauern verpflichtete [1], wie die Bedeutung des Herrn dadurch gehoben wurde und sein Ansehen deshalb stieg, so ist es sehr wohl möglich, daſs eben das den Übergang jener kleinen Grundherrschaften zu gröſserer Selbständigkeit vorbereitet und ihn bedingt hat: aus dem niederen Adel und aus den Städten, die bald von den Bauern bevorzugt wurden [2], konnte eben mit Hülfe der Leibeigenschaft ein unabhängig gestellter Reichsstand werden: die Leibeigenen waren — man wird es sagen dürfen — das Fundament der Kleinstaaterei im Südwesten Deutschlands. Wenn wir von den kleinsten Gewalten, von den Rittern und Städten nicht hören, daſs sie die Leibeigenschaft ihrerseits noch weiter ausgedehnt haben, so werden wir das aus ihrer Ohnmacht heraus verstehen: dagegen müssen wir es natürlich finden, daſs jene gröſseren Landesherren, wie etwa der Abt von Kempten, eben danach gestrebt haben. Das Bedürfnis, zu verhindern, daſs die Bauern einen andern Schirmherrn suchten, wie das oft der Fall gewesen ist, mag sie ebenso dazu bestimmt haben, wie die aus Gründen der Verwaltung gewiſs begreifliche Absicht, einen einheitlichen Unterthanenstand zu schaffen: alle Landeseingesessenen sollten der Hoheit des Landesherrn und keiner andern unterworfen sein. Wenn wir die Herabdrückung der freien Zinser in den niedrigeren Stand der Leibeigenen in Kempten gewiſs auch als drückende Maſsregel des Abtes bezeichnen müssen, das Verhältnis, wie es nun zwischen beiden Parteien hergestellt war, brauchte die Zinser doch nicht niederzudrücken; hatten doch andere „ihres gröſseren Nutzens wegen" [3], wie der Abt richtig bemerkt, das Verhältnis aus

---

[1] Über Leibeigenschaft, ihr Wesen und ihren Inhalt vergl. neben Bücher a. a. O. u Gothein noch Ludwig, Der badische Bauer S. 14 f., S. 33 ff. u. S. 67 f., Lamprecht, Deutsches Wirtschaftsleben I, 1222 ff. und dann vor allem die verschiedenen Aufsätze von Th. Knapp, Das ritterschaftliche Dorf Haunsheim in Schwaben (Württemb. Vierteljahrsschrift für Landesgesch. N. F. V [1896] S. 1—62), und „über Leibeigenschaft in Deutschland seit dem Ausgang des Mittelalters" (Ztschrft. der Savigny-Stiftung XIX, Germ. Abt. 16—51 [1898]). Ein dritter Aufsatz „über die 4 Dörfer der Reichsstadt Heilbronn" (Einladungsschrift des K. Karlsgymn. in H. 1894) ist mir nicht bekannt geworden. Die Ergebnisse dieses Aufsatzes finden sich z. T. in dem erstcitierten Aufsatz. — Auch in den kleinen Gebieten Frankens giebt es Leibeigene. Vergl. neben Bücher, der S. 485 in der Leibeig. einen Ersatz für das 1341 verbotene Pfahlbürgertum sehen will, Oechsle, Gesch. des Bauernkrieges in den schwäbisch-fränkischen Grenzlanden, der S. 70/1 mehrere Beispiele aus der Grafschaft Hohenlohe beibringt, Zweifel, Chronik des Bauernkrieges in Rothenburg o. T., H. Prescher, Gesch. der Grafschaft Limpurg I (1789) und H. Heerwagen, Die Lage der Bauern zur Zeit des Bauernkrieges in den Taubergegenden. Hdlb. Diss. 1899 (S. 60 ff.).

[2] Auf diese interessante Thatsache macht Bücher a. a. O. S. 486 ff. aufmerksam.

[3] Wort des Abts von Kempten bei Baumann, Akten z. Gesch. des Bauernkrieges in Oberschwaben S. 53/4.

eigener Initiative aufgesucht. — Mit der Leibeigenschaft der älteren Zeiten erscheint gewöhnlich die Beschränkung der Freizügigkeit, die Bestimmung verknüpft, dafs die Unterthanen zur Heirat den Konsens des Herrn gebrauchen. Mit der Leibeigenschaft unserer Zeiten sind sie nicht in Zusammenhang zu bringen[1]. Sie sind zwar auch vorhanden. Aber sie haben anderen Ursprung. Wie die Leibeigenschaft den Unterthanenstand einheitlich zusammenfassen sollte, so sollten das Verbot der Ungenossenehe, die Aufhebung des freien Zuges diesen Unterthanenstand dem Landesherrn sichern: durch die Heirat mit Leuten, die verschiedenen Ständen, die anderen Herren angehörten, „käme die oberkait sonst umb gericht, lewt und güter"[2]. Man wird zugeben müssen, dafs dieses Bedenken jene Beschränkungen der Persönlichkeit rechtfertigte; sie erscheinen hart, aber dem neuen Staatsgedanken, wie er sich in Schwaben darstellte, durchaus angemessen[3]. Übrigens wurden sie bald wieder aufgehoben: wie sie in den grofsen Territorien überhaupt nicht mehr existierten[4], so wurden sie in den kleineren auf dem Wege des Vertrages zwischen den einzelnen politischen Faktoren beseitigt. Als die Entwicklung der Kleinstaaterei zu einem Abschlusse gekommen war, schienen diese Bindungen an den Ort nicht mehr geboten. Aber vor 1525 bestanden sie noch. —

---

[1] Vergl. Bücher a. a. O. Ich verweise auch auf den sogenannten Allgäuer Brauch (Baumann, Allgäu II, S. 106) und auf das Wildfangrecht. Vergl. auch Ludwig a. a. O. S. 99.
[2] Wort des Abts von Kempten bei Baumann, Akten S. 60.
[3] Die zahlreichen Beschwerden über die „Ungenossami" 1525 (vergl. Baumann, Akten S. 36 [Pless], S. 58 [Kempten], S. 97 [Brigthal bei Villingen], S. 116 [Kislegg], S. 122 [Memmingen], S. 191 [Stühlingen]; vergl. auch Allgäu II, S. 632; es fällt auf, dafs im Baltringer Haufen, dessen Beschwerdeartikel im Anhang zur Korrespondenz des Ulrich Artzt [Ztschrft des Histor. Vereins für Schwaben und Neuburg, X, 1883] S. 235—266 ediert sind, fast keine Beschwerden über die Ungenossami laut werden) beweisen, dafs den Bauern das Recht der freien Heirat vor noch nicht allzu langer Zeit genommen ist. Vergl. auch Ludwig a. a. O. S. 98. — Der „Abzug" ist entweder an die Zustimmung des Herrn gebunden (Akten S. 61, Allgäu II, S. 630) oder an die Bezahlung einer lokal verschieden grofsen Summe (Akten S. 201/2, vergl. auch Ludwig a. a. O. S. 28. Anm. 2). In Memmingen will der Rat 1525 gestatten, dafs jeder hinziehen darf, wohin er will, wenn er das zahlt, was er schuldig ist (Akten S. 122). Dafs die Freizügigkeitsbeschränkung eine Neuerung ist, beweist die Angabe der „Stadt Ferenbach" im Schwarzwald (Akten S. 219).
[4] „Das Haus Oesterreich", das in Vorderösterr. mit der Leibeigenschaft auch das Verbot des freien Zuges einführte, hatte seinen österr. Unterthanen bereits die Freizügigkeit geschenkt. In Württemberg wird 1514 die Freizügigkeit den herzogl. Kammerunterthanen eingeräumt, die Klosterleute erhalten sie erst 1551. Vergl. Stälin, Wirt. Gesch. IV, 106 u. ibid. Anm. 3. In Bayern ist bereits das Verbot der Ungenossenehe wieder beseitigt. Vergl. S. Riezler, Geschichte Bayerns IV, S. 123. Zu Trier und damit wohl auch zu den anderen geistlichen Territorien vergl. Lamprecht, Wirtschaftsleben III, S. 299/300.

So zeigt die Umwandlung des mittelalterlichen Staates in den neuen, die Bildung einer staatlichen Gewalt in kleinerem Umfange je nach den Verhältnissen, die sie vorfindet, je nach der Eigenart der Landschaft, die ihr Untergrund wird, ganz verschiedene Züge. Hier fühlt sich jener, dort dieser von ihr beengt und in seinem bisherigen Sein gestört: das Recht der ganzen Entwicklung muſs man bestreiten, will man diese Thatsachen bedauern. —

Man hat schon oft die Bemerkung gemacht, daſs mit dem beginnenden 16. Jahrhundert „die Geschäfte der landesherrlichen Zentralverwaltung in einem Grade gehäuft erscheinen, daſs die alte, für einfachere Verhältnisse berechnete Organisation nicht mehr ausreichte"[1]. Eben mit diesen Abwandlungen hängt das zusammen: eine neue Organisation der landesherrlichen Behörden ward nun verlangt. Und nicht nur das: wie der kleine Staat in jeder Beziehung energischer ist, wie ganz neue Gebiete infolge des wirtschaftlichen Widerstreites zwischen Stadt und Land der staatlichen Fürsorge erschlossen werden, wird ein ganz neuer Beamtenapparat notwendig; immer weitere Kreise der Bevölkerung werden mit ihrem ganzen Sein an den Staat gebunden; neben den alten entstehen neue Beamtenelemente, die nun nicht mehr wie jene älteren auf Grund ihrer Stellung zu den Unterthanen nach Emanzipierung von der Staatsgewalt trachten konnten.

Man sollte meinen, daſs es hier vornehmlich die Kreise der direkten Unterthanen der Landesherren gewesen sind, die nun in die Verwaltung eintraten: hatte doch schon um 1400 in Österreich das Verbot bestanden, die Ämter an den Adel zu verpachten; solche Verpachtung sollte nur an Unterthanen erfolgen, welche unmittelbar dem Landesherrn unterständen, oder sonst an „gemeine Leute"[2]. Gewiſs werden wir die Tendenz, die dahin ging, nicht verkennen können. Vor allem natürlich nicht in den kleineren Territorien, wo meist die einzige Veränderung darin besteht[3], daſs das Ernennungsrecht der Amtleute oder anderer Beamten der Gemeinde von dem Herrn abgenommen wird[4]; hier werden auch weiterhin die

---

[1] Vergl. hierzu und zum folgenden: v. Below, Die Neuorganisation der Verwaltung in den deutschen Territorien des 16. Jahrhunderts (Histor. Taschenbuch, 6. Folge, Bd. VI [S. 309]), wieder abgedruckt in Territor. und Stadt (S. 287), und Acta Borussica, Behördenorganisation, Einl. S. (55 ff.).

[2] Vergl. S. Adler, Die Organisation der Centralverwaltung unter Kaiser Max. I. (Leipzig 1886) S. 173.

[3] Nur hin und wieder finden sich in Schwaben Beschwerden über eine Neuregelung des Kastenwesens. Vergl. Baumann, Akten S. 211 (Leffinger Amt der Grafschaft Fürstenberg). Damit ist auch die Einführung eines einheitl. Maſses gegeben, die wohl eine Erhöhung mancher Abgaben zur Folge haben konnte (Akten von Kempten S. 61).

[4] Vergl. Korrespondenz des Ulrich Artzt X, S. 253 (Rappersweiler

Beamten nur aus den Reihen der direkten Unterthanen gewählt. Aber auch in den gröfseren Territorien war der neue Staat in vieler Beziehung auf diese geradezu angewiesen. In den niederen Verwaltungsstellen, die jetzt erst vielfach begründet werden, sind zur Zeit des Bauernkrieges nur Bürger oder Bauern zu finden. Und auch bei Hofe waren Plätze für sie frei: da der Landesherr Leute nötig hatte, die, gebildet in der Kanzlei oder auf der Universität, mit ihrer Jurisprudenz den verwickelteren Ansprüchen des neuen Staates an seine Angehörigen nachgehen und sie vertreten mufsten[1], und da der Adel dieser Lande, begreiflich genug, seine Söhne nur selten studieren liefs und das römische Recht wie die Juristen hafste, die sich diesem Staate dienstbar machten, so waren es vor allem Bürgerliche, die zur Verfügung standen: man kennt jene berühmten Doktoren des Rechts, die, nicht immer eigene Unterthanen des Landesherrn, ihre Kenntnisse zu dieser Zeit überall dem Staate nutzbar machten. Aber alle höheren Beamtenstellen besetzte der Fürst doch noch mit dem Adel: überall, aufser in Württemberg vielleicht[2], wir bemerkten es schon, waren die Amtleute Mitglieder dieses Standes; er war am Hofe noch das vorwiegende Element; in den Lehengerichten ist vor allem er noch vertreten, wenn sich auch schon „verständige Leute finden, die nicht Mannen sind"[3]. Vor allem mag dazu neben manchem anderen die Sorge bewogen haben, den Adel an das Territorium zu fesseln und inneren Unruhen vorzubeugen; nicht nur die Gewohnheit, die bei den geistlichen Fürsten gewifs öfter den Ausschlag gab, vor allem die Ohnmacht des Staates werden wir dafür verantwortlich machen müssen, dafs er den Adel noch in demselben Mafse suchte wie dieser ihn.

Wie oft hat man nicht gesagt, dafs mit der Entstehung des neuzeitlichen Staates der alte Waffenadel verschwunden sei, dafs er sich nur dadurch erhalten habe, dafs er nunmehr statt nach dem Schwerte nach dem Pfluge griff! Für grofse Teile Deutschlands ist das zweifellos richtig: im Nordwesten z. B. verwandelt sich der Ritter in den Gutsherrn. Und auch im Südwesten gehen mit ihm die bedeutsamsten Veränderungen

---

Bauern); ferner Akten S. 192/3 (Stühlingen), S. 210 (Art. V), S. 274/5 (Allgäuer Bauern).

[1] Man hat bekanntlich das römische Recht in der Vorgeschichte des Bauernkrieges eine grofse Rolle spielen lassen. Wie man dagegen schon richtig bemerkt hat, ist die Ausbreitung desselben mehr Symptom; überall, wo man seine Einwirkungen auf die Dinge zu verfolgen überhaupt sich bemüht hat, hat sich gezeigt, dafs das römische Recht immer nur einer an sich originalen Entwickelung zu Hülfe gekommen ist und nicht erst diese hervorgerufen hat: dafs diese Ansicht die richtige ist, dafür wird auch die vorliegende Arbeit sprechen.
[2] Seit dem Tübinger Vertrag (1514).
[3] Vergl. Stälin, Wirt. Gesch. III, S. 735.

vor. Aber gerade sie haben ihn noch viel länger das Schwert in der Hand behalten lassen als seinen norddeutschen Standesgenossen. Allerdings selten mehr oder gar nicht verwendet er es im Dienste seines ehemaligen Herrn: seine eigene Selbständigkeit, seine politische Sonderexistenz gilt es jetzt zu wahren[1]). Der südwestdeutsche Ritter bleibt Ritter, solange ihn die Fürsten Südwestdeutschlands als Potenz neben sich nicht anerkennen wollen. Erst, als das geschehen ist, hören die Fehden hier auf.

Für das Verständnis des Kriegswesens der südwestdeutschen Staatenwelt ist das von höchster Wichtigkeit. Wenn auch die Abschliefsung der einzelnen Territorien von einander, die gesteigerte Kriegsgefahr, die der Bestand einer Reihe kleinerer Staaten nebeneinander bedeutet, gebieterisch Neuerungen in dieser Richtung forderten, bei den gegebenen Verhältnissen waren vor 1525 die einzelnen Landesherren dazu kaum befähigt. Wie des Adels im Staatsdienst, so bedienten sie sich desselben auch zum Kriegsdienst: nicht nur, dafs ihm, mag er nun auf landesherrlichen Burgen gesessen, mag er seine eigenen in irgend ein Schutzverhältnis zum Lande gestellt haben, die Verteidigung des Landes zustand[2]: zum mindesten in den geistlichen Territorien hatte auch das reisige Lehnsaufgebot, das zum gröfsten Teil noch immer aus Adligen bestand[3], noch seine Bedeutung. Der Adel hatte, vielleicht, ja wahrscheinlich gerade wegen seiner selbständigeren Haltung, die gröfseren Herren noch im Banne. Doch auch hier fingen das Bürgertum und der Bauernstand an zu konkurrieren: wie überall das Soldwesen sich ausbreitete, und wie die Vorliebe für das Fufsvolk zunahm, so sind auch im Südwesten Ansätze dazu zu bemerken. Wo kein Geld vorhanden war, wie bei den brandenburgischen Markgrafen in Franken, griff man wohl zu dem Mittel, das Landaufgebot, das sich in allen Gegenden erhalten hatte[4], auch für den Offensivkrieg zu verwerten[5]. In den kleineren Territorien stöfst man auf Klagen der Bauern, dafs sie gegen die alte Gewohnheit länger als

---

[1] Darauf hat schon Lenz a. a. O. S. 408 hingewiesen.

[2] Es gehörte zur Pflicht der Amtleute, von der Burg aus das Land zu schützen. Vergl. auch S. 21 Anm. 2.

[3] Dafs dem so ist, beweisen die Ereignisse in Würzburg und Bamberg vor dem Ausbruch des Bauernkrieges. Dafs auch schon andere Elemente in dem Lehnsaufgebot vorhanden sind, dazu vergl. Lamprecht, Wirtschaftsleben III.

[4] Vergl. die Weistümer bei Grimm, z. B. III, S. 408 (Landgericht zu Crombach in der Wetterau) aus dem Jahre 1496. Vergl. auch die folgenden Anm.

[5] Lang a. a. O. I, S. 72 ff. Auch C. Jäger, Kasimir und der Bauernkrieg in den südlichen Grenzämtern des Fürstentums unterhalb des Gebirges (Mitteilungen des Vereins f. d. Gesch. der Stadt Nürnberg IX) S. 78.

einen Tag zum Kriegsdienst verwendet werden[1], dafs sie nicht mehr nur ihren, sondern auch „frembden Herrschaften und Edelleuten rayßen und zuzihen müssen"[2]. Die Erhöhung des Raisgeldes, die sich anderwärts findet[3], weist auf das Bestreben der Territorialherren hin, von dem Adel unabhängig zu werden. So tritt der Bauer neben den Ritter; sein Selbstgefühl nimmt zu, der bürgerliche und bäuerliche Landsknecht fühlt sich dem reisigen Adel gewachsen: gegen die ältere Institution des Rittertums erhob sich die jüngere des bewaffneten Fufsvolks. —

Überall stellen sich also neue Kräfte dem Staate zur Verfügung; Kreise, die sich der Staatsverwaltung lange fernhielten, gewinnen an ihr wieder Interesse; stärker pulsiert das politische Leben.

Da kann es denn nicht ausbleiben, dafs alle jene Angehörigen des Staates, die für die materielle Wohlfahrt der Gesamtheit Sorge zu tragen haben, sich ganz neuen Ansprüchen gegenüber sehen; wenn überhaupt die Folge aller politischen Abwandlungen die Thatsache scheint, dafs das Individuum in materieller Beziehung immer mehr an das Ganze gebunden wird, dem es angehört, so ist das hier besonders ersichtlich[4],

---

[1] Z. B. Baumann, Akten S. 226 (Göschweiler).
[2] Akten S. 193 (Stühlingen).
[3] Z. B. in Kempten: Akten S. 70.
[4] Man wird den Unterschied in der Motivierung der neuen Leistungen der Individuen zu den früher versuchten Motivierungen unschwer erkennen. So wenig man sich der Einsicht wird verschliefsen können, dafs im Zeitalter einer agrarischen Staatsverfassung mit ihrer geringeren Kontrolle der einzelnen Organe diese leichter ihre Macht mifsbrauchen können, so sehr wird man sich gegen eine willkürliche Verallgemeinerung wenden müssen. Wie im Westen Deutschlands überhaupt der Staatsgedanke ungleich lebendiger war als im Osten (vergl. die eingehenden Erörterungen von Belows über den Osten und Westen Deutschlands in „Territor. u. Stadt"), so war der Bauer hier niemals dem Grundherrn ganz schutzlos preisgegeben: der Bauer hatte das Recht, sich über ihn zu beschweren, wenn über dem Grundherrn noch ein Landesherr stand (vergl. z. B. Lamprecht, Wirtschaftsleben III, S. 299/300); wenn dieser mit dem Landesherrn identisch war, so wird man G. Fr. Knapp, Grundherrschaft und Rittergut S. 85, zustimmen müssen, dafs ihm zu quälender Tyrannei die erste aller Bedingungen fehlte, der Zweck. Auch in den Städten läfst sich ein willkürlicher Druck nicht nachweisen: überall dort, wo der Rat hat Rechnung ablegen müssen, ist die Gemeinde schliefslich zu der Ansicht gekommen, dafs ihre Verdächtigungen nicht gerechtfertigt waren. Man hat vielfach das Verhältnis zwischen Grundherrn und Bauern als ein sociales angesprochen, und gerade dieser Bezeichnung verdankt die Darstellung der Verhältnisse des Bauernstandes vor der Reformation eine Unmenge irriger Vorstellungen. Ich möchte mich gegen eine solche Nomenklatur wenden. Denn mit den socialen Verhältnissen in der Zeit der konsequent durchgeführten Geldwirtschaft, wie sie im Gefolge der Revolution von 1789 in Frankreich und von 1848 in Deutschland entstanden sind (erst dieser Zeit verdanken wir das Wort „social"), hat dieses Verhältnis auch nicht die geringste Ähnlichkeit, nicht einmal in dem Norddeutschland dieser Zeit, wo der

wo der Staat ihm in einer bisher unbekannten Form entgegentritt, und wo nicht nur die gesteigerte Verwaltung, sondern auch die erhöhten Anforderungen des Reiches und ganz besonders des schwäbischen Bundes zu bestreiten sind.

Daher kommt es, dafs die Bauern und Bürger gerade in der Zeit der Reformation stärker belastet werden; sie haben die Mehrkosten zu tragen.

Es ist selbstverständlich, dafs das Mafs dieser Mehrbelastung überall verschieden ist. In den kleineren Territorien finden wir wohl eine Vogtbede, ein Vogtrecht neu eingeführt[1]; es ist dort der Fall, wo die Justizverwaltung von der Gemeinde an den Landesherrn übergegangen ist[2]. Nur hier und da ist das „Ungelt" oder der Zoll vermehrt worden, mit dem die Unterhaltung der Wege und Stege, mit dem der Brückenbau bezahlt wurde[3]; wohl möglich, dafs die erhöhten Arbeitslöhne, die der Mangel an Arbeitskräften im 15. und 16. Jahrhundert notwendig machte[4], das bedingten; vielleicht auch, dafs der verwahrloste Zustand der öffentlichen Strafsen, über den die Klagen kaum verstummten[5], eine Reparatur von Grund auf erheischte. Zuweilen sind die Frondienste zahlreicher geworden; wo die wirtschaftliche Stellung des Bauern derart war, dafs er lieber Dienste leistete als Abgaben bezahlte, sind deren mehr geworden[6]; von dem Wunsche, diese Dienste abzulösen, verlautet nichts[7]; ihre Vermehrung entspricht der Erhöhung jener Abgaben an die Verwaltung, von denen wir sonst hören; hier hören wir nichts von ihnen. Verschiedent-

---

Gutsherr erst langsam mit einem wirtschaftlichen Grofsbetriebe beginnt (vergl. Below a. a. O.), garnicht im Südwesten. Wo überhaupt will man die Grenze ziehen zwischen social und politisch bei diesen naturalwirtschaftlichen Verhältnissen im Staatsleben?

[1] Z. B. bei den Fürstenberger Unterthanen, in Stühlingen (Akten S. 201). In den grofsen Territorien Frankens giebt es keine Vogtbede: sie ist wohl in die allgemeine Steuer aufgegangen: dafs „von den eigenen Leuten die Abgabe an den Vogt nicht erhoben wurde", wie M. A. Höfsler, Zur Entstehungsgeschichte des Bauernkrieges in Südwestdeutschland (Lpzg. Diss. 1895) S. 22, behauptet, ist durch nichts bewiesen; es ist sogar höchst unwahrscheinlich, da, wie Gothein in der Wirtschaftsgesch. des Schwarzwaldes zeigt, die Leibeigenschaft älteren Datums in diesen Gegenden noch recht verbreitet ist. Vergl. auch S. 37 Anm. 5.

[2] Vergl. S. 29 Anm. 4.

[3] Z. B. in Stühlingen (Akten S. 200), in Eschingen (ibid. S. 206).

[4] Vergl. G. Schmoller, Zur Geschichte der nationalökonom. Ansichten im Reformationszeitalter (Tübing. Zeitschrift f. d. ges. Staatswissensch. XVI, 1860) S. 514 ff.

[5] Vergl. Schmoller a. a. O. S. 641.

[6] Vergl. Akten S. 113 ff. (K:slegg), S. 123 (Memmingen) — doch hier nur geringe Erhöhung —, S. 191 ff. (Langenerringen), S. 197 (Stühlingen), S. 222 (Hausen), S. 225 (Göschweiler). Beachtenswert ist, dafs die Angehörigen des Baltringer Haufens über die Erhöhung der Frondienste keine Beschwerde führen.

[7] Man hat mit diesem Wunsche, den man als sicher annahm, viel gegen die Grundherren beweisen wollen.

lich ist der Betrag der Frevel, jener Bufsen für begangene Vergehen, gesteigert worden[1]. Gewifs hängt das mit der Verschärfung der Strafen überhaupt zusammen, wie sie, eine Folge des höheren Wertes, den das Gut im Leben, besonders in den kleineren Territorien, erhalten hat, jetzt getroffen wird[2]. Aber ganz zweifellos ist es auch in finanzpolitischen Bedenken begründet: die Mehreinnahmen sollen die eben dadurch mit gewachsenen Ausgaben der Justizverwaltung decken. Diese neuen Auflagen sind nicht überall eingeführt; sie sind lokal bedingt; nur wo für den neuen Staat das Bedürfnis vorliegt, erscheinen sie[3]. Allgemeiner hat sich die Abwandlung der Verhältnisse in der Verwaltung nur nach einer Seite hin bemerkbar gemacht. Da die Beamten, ob sie nun Amtleute, Land- oder Gotteshausschreiber, Kellner oder Forstmeister waren, von allen Leistungen materieller Natur befreit waren[4],

---

[1] Z. B. in Memmingen (Akten S. 124), in Langenerringen (ibid. S. 192), in Stühlingen (S. 195), in Lentzkirch (S. 211). Auch in den 12 Artikeln wird davon berichtet: der 9. handelt davon. Bemerkenswert ist die Erklärung dieser Erhöhung der Frevel durch die Bauern: nach ihrer Anschauung werden sie nicht gestraft „nach gestalt der sach, sondern zu zeitten aufs grofsem neyd, und zu zeitten aufs grossem gunst". Vergl. auch Fries II, 236.

[2] Ich verweise vor allem noch auf die Freiheitsstrafen: keine Klage ist im Bauernkriege wohl allgemeiner als die, dafs der, „welcher recht leiden mag und verpurgen will, gefengclich vergwältigt" wird, dafs man ihn „turnt, stöckt und plöckt": diese Strafe ist nicht nur in den kleinen Territorien, wo sie gewifs als Abschreckungsmittel — der Bauer mufs so lange seiner Arbeit fern bleiben — gedacht ist, nicht als Mittel gegen die Flucht, sondern auch in den gröfseren Territorien festgesetzt worden. Hier allerdings wollen die Bauern das Einturnen mit Fluchtverdacht motivieren: nur „wer unserm g. hern unterworffen ist", soll in Bamberg nicht „geturnt" werden. Diese Leute werden damit in Gegensatz gebracht zu denen, welche dem Bamberger Gerichtszwang nicht unterliegen, also reichsfreien Herren angehören (so in Altenkunstatt), und für diese wollen sie das Eintürnen wohl als zu Recht bestehend gelten lassen.

[3] Es liefsen sich noch manche andere neue Auflagen anführen. Doch war nicht die Absicht, alles zu geben. Nur auf die eine Bestimmung möchte ich noch hinweisen, weil sie für die Art der Verwaltung recht bezeichnend ist. Sie erkennt ein gestohlenes Gut, ganz gleich, ob es von dem Bestohlenen selbst oder sonstwie dem Diebe abgejagt wird, dem Landesherrn zu (vergl. Akten S. 189/90 und Fries, Gesch. des Bauernkrieges II, S. 200 u. 236). Diese sonderbare Bestimmung findet darin ihre Erklärung, dafs die Kosten für die Festnehmung des Diebes und seine Gefangenhaltung von dem getragen werden, der bestohlen ist; das gestohlene Gut wird zurückbehalten und dem Besitzer nicht ausgehändigt, um eben davon die Kosten zu bestreiten. Vergl. K. Hartfelder, Zur Gesch. des Bauernkrieges in Südwestdeutschland. S. 353 (16).

[4] In der Stadt Mainz sind sogar alle „Stebler, Werkleute, Weinrüffer, derselbigen Zepfer, Mütter (= Fruchtmesser), darzu alle weltliche Richter, Schreiber undt Vorsprecher" frei von aller bürgerlicher Beschwerung (Chroniken der deutschen Städte XVIII, 2, S. 108). Die Hirten der grofsen Schafherden, die sich die einzelnen Herren halten

so war es eine Folge der Ausdehnung der Verwaltung, dafs immer mehr Leute befreit wurden und zu dem allgemeinen „Mitleiden", wie man die Summe aller materiellen Verpflichtungen dem Staate gegenüber bezeichnete, nichts beitrugen; da die Städte und die Gemeinden die Steuern, die sie schuldeten, selbst umzulegen hatten, so mufste für sie die Entziehung von steuerbaren Objekten, die die Ausbreitung der Befreiungen bedeutete, mit einer stärkeren Belastung identisch sein[1]. In gröfseren und kleineren Territorien, in der Stadt wie auf dem Lande finden wir diese indirekte Besteuerung der Unterthanen: es ist die einzige von allen, die der Verwaltung zu gute kommen, die allgemeiner ist.

Bei allen Abgaben an die Verwaltung war das alte Prinzip staatlicher Finanzwirtschaft gewahrt worden, nach dem der Leistung sofort die Gegenleistung folgte: der Beamte erhält sein Gehalt für eine fest abgegrenzte Thätigkeit, und er erhält es von den Unterthanen direkt; was er leistet, ist zu übersehen[2]. Mit den Fortschritten des Staatslebens ist es verbunden, dafs jenes alte Prinzip nicht mehr überall aufrecht erhalten werden konnte: der Staat war dazu im Laufe der Zeiten ein viel zu kompliziertes System von Leistungen geworden; neue Auflagen erwiesen sich als notwendig, deren Berechtigung nicht ohne weiteres ersichtlich sein konnte.

Anderwärts waren die Stände das Organ, diese Auflagen zu erhalten; der Landesherr richtete sich nach ihrem Befinden; in gewissem Sinne war man damit jenem alten Prinzipe treu geblieben. Es ist zu betonen, dafs das in Südwestdeutschland anders war. Hier, in den kleinen Staaten, wo es, wie wir sahen, nur selten Landstände gab, verordnete der Landesherr von sich aus, was er mehr brauchte, und wie es beizutreiben sei. Alle die Abgaben, die die Unterthanen in der Reformationszeit neu zu leisten hatten, waren nicht von den Landständen bewilligt. In den gröfseren Territorien ist höchstens eine von jenen speciellen Steuern, die das Reich von seinen einzelnen

---

— wir werden noch sehen, aus welchen Gründen —, sind ebenfalls zumeist befreit. Vergl. die zahlreichen Artikel des Baltringer Haufens darüber (Ulrich Artzts Korrespondenz in Zeitschrift des histor. Ver.'s f. Schwaben und Neuburg X, auch VI, S. 316).

[1] An einzelnen Orten versuchte man, solchen Befreiungen vorzubeugen. So wird in dem Weistum von Steinfeld d. a. 1494 (im würzb. Amt Rotenfels) § 11 festgesetzt: es soll niemand da frei sein, er sei edel oder unedel (Grimm, Weist. VI, 49/50).

[2] Es ist klar, dafs bei solchen Verhältnissen aller Zorn über die Mehrforderungen des Staates sich gegen die Beamten richtete. Grupp, Die Ursachen des Bauernkrieges. Die Lage des Bauernstandes um 1500 (Historisch-politische Blätter f. d. katholische Deutschland. Bd. 124. Münch. 1899) S. 99, weist richtig darauf hin, dafs darum, weil die Vermehrung der Steuern mit der Vermehrung der Juristen zusammenfiel, die Juristen für professionelle Steuererfinder gehalten wurden.

Gliedern verlangte, vorher von den Landständen gefordert worden[1]. Aber bei all den allgemeinen Steuern, deren die Landesherren zu ihrer Regierung bedurften, ist das nicht der Fall gewesen. Wenn auch die alte Bede zuweilen für ein Jahr oder für mehrere mit der Zustimmung der Bürger erhöht worden war, die Zustimmung war doch nur für bestimmte Zeit, zumeist aus bestimmten Anlässen oder garnicht erteilt worden; die Steigerung ihres Betrages, über die sich die Unterthanen einzelner Gebiete 1525 beklagen, war nicht nach ihrem Willen gewesen[2]; sie ist ihnen unverständlich; sie wollten die Steuer nur ihrem alten Charakter gemäfs, wonach sie ein Schirmgeld war, gelten lassen[3]. Die Bede war eine direkte Steuer; neben ihr hatte das ausgehende Mittelalter in dem „Ungelt", einer Accise vornehmlich von Getränken, auch eine indirekte kennen gelernt. Auch dieses Ungelt finden wir erhöht, vor allem in den Städten, deren Erfindung es gewesen war[4]. In den gröfseren Territorien Frankens war es schon im 14. Jahrhundert eingeführt worden[5]; die Fürstenberger Grafen sahen sich erst jetzt dazu veranlafst; besondere Verhältnisse in den Ortschaften, die sie damit belegten, mögen das nahegelegt haben; wir vermögen es 1525 nur an einigen wenigen Stellen in der Grafschaft nachzuweisen[6].

Das ist überhaupt so bei der Bede wie bei dem Ungelt: nur hier und da werden sie als Neuerungen erwähnt: sie sind nicht die Einnahmequellen, aus denen überall die Mehrkosten des Staates bestritten werden können.

Solche waren den Landesherren in anderen Verhältnissen gegeben: die Thatsache, dafs die Unterthanen nicht Eigen-

---

[1] In Bamberg fand ich die Notiz, dafs eine Türkensteuer eingefordert worden war. Man beschwert sich nur darüber, dafs sie nicht von allen Ämtern erhoben worden sei. In Rothenburg o. T. war seit 1522 eine Klauensteuer und ein Bodengulden verlangt worden, die letztere Abgabe zweifellos ebenfalls der Türken wegen. Vergl. Heerwagen a. a. O. S. 80 u. S. 39.
[2] Über eine Erhöhung der Steuer hören wir nur aus Kempten (Akten S. 69), aus dem Fürstenberger Gebiet (Akten S. 210, 213, 215, 216, 219) und aus Würzburg (Fries II, 19, 73, 201/2, 235). Nur in W. wird die Steuer Bete genannt. Es mag übrigens angemerkt werden, dafs nicht alle würzb. Städte Beschwerde über die neue Steuer führen. In Bamberg scheint die Steuer nicht erhöht worden zu sein. — In Stühlingen und im Fürstenberg. Unadingen (Akten S. 200 u. 216) ist die Steuer nicht erhöht, dafür aber eine neue unter dem Namen „Bundgeld" erhoben (vergl. auch Akten S. 199).
[3] So z. B. in Ochsenhausen (Ulrich Artzt X, S. 246) und häufiger.
[4] Vergl. Kaser, Socialpolit. Bewegungen u. s. w. S. 54, 73 ff., 94; auch Fries II, 74.
[5] Vergl. Gramich, Verf. u. Verw. d. Stadt Würzb. S. 13; Pfeufer, Beiträge u. s. w. S. 206.
[6] Nur in Rietberingen, Deckingen und Unadingen (Akten S. 213/4, 215, 216; nicht 212).

tümer ihres Grund und Bodens waren, dafs sie zu mannigfachem Recht ihn besafsen, gab ihnen bei dem Steigen des Bodenwertes und der Nachfrage[1] nicht nur die Handhabe, sondern auch das zweifellose Recht, von den Besitzern des Landes mehr zu verlangen, als sie bis dahin verlangt hatten. Es ist zu betonen, dafs es nicht die jährlichen Abgaben gewesen sind, die vermehrt wurden; diese Abgaben waren von lange her fixiert; es war unmöglich, sie zu steigern[2]. Man hat denn auch die Beobachtung gemacht, dafs weder die Lasten der Hofbauern, jener Bauern, die die Höfe der Herren zumeist wohl auf Lebenszeit[3] besafsen, noch die der Lehenbauern, die ein Lehen bald dieser, bald jener Qualität vom Herrn bebauten, verändert worden sind; bei den Sölden, die erblich ausgethan waren, war das absolut ausgeschlossen. Vom 15. bis zum 19. Jahrhundert ist der Betrag der Getreideabgaben sowohl wie der Küchengefälle immer derselbe geblieben[4]; nur die Grasgült der Lehner ist ein wenig gröfser geworden[5]. Die Landesherren hatten also darauf verzichten müssen, die jährlichen, die regelmäfsigen Leistungen der Unterthanen zu erhöhen; aber nichts hinderte sie, das zu thun bei den unregelmäfsigen, bei den Abgaben, die gelegentlich des Wechsels des Gutes aus einer Hand in die andere erhoben wurden. Schon

---

[1] Vergl. den Ausspruch der Kemptner Gotteshausleute (Akten S. 64): die guter yetz bey unsern zeiten und tagen gröfser und höcher im werd angesehen und geschätzt werden, dann bey unser vorfaren und eltern. Grupp a. a. O. S. 26 spricht im Anschlufs an Janssen II[6] S. 230 von der Entwertung des Grundbesitzes. Lamprecht dürfte (in seiner Deutschen Geschichte V, S. 82) gegen beide doch wohl recht haben.
[2] Vergl. dazu und zum folgenden die sehr eingehenden Erörterungen von Th. Knapp, Das rittersch. Dorf Haunsheim S. 26—44 cc. Die Resultate dieser Arbeit glaubte ich verallgemeinern zu dürfen, weil ich nirgendwo eine gegenteilige Bemerkung gefunden habe. Grupp (a. a. O. S. 174) hat mehrere Salbücher durchgesehen, nirgends aber eine nennenswerte Erhöhung der Gülten gefunden.
[3] Das geht aus den Bauernkriegsakten deutlich hervor. Vergl. auch Baumann, Gesch. des Allgäus II, S. 640. Zu den Kategorien der Bauern vergl. übrigens auch Bücher a. a. O. S. 682: die Bemerkung, dafs es in der Nähe von Frankfurt a. M. nur Erbpacht (selten) und die Landsiedelleihe giebt (Zeitpacht nur bei Wiesen und Weinbergen), stimmt mit der Angabe des „Werkes über den Zustand Bayerns" (1825) bei Hausmann, Grundentlastung in Bayern (Strafsbg. 1892) S. 83 überein, wonach in den Mainkreisen wie in dem Gebiete der Rezat „fast" nur erbrechtbare und zinspflichtige Güter anzutreffen sind.
[4] In der Zeit vom 15. bis zum 19. Jahrhundert sind überhaupt die südwestdeutschen Verhältnisse sehr stetig geblieben. Vergl. Ludwig, Der badische Bauer, S. 97/8.
[5] Aufserdem wird von den Hofbauern und den Lehnern in der Zeit zwischen 1480 und 1559 (ob erst nach 1543, in welchem Jahr in Schwaben die Konstituierung der freien Reichsritterschaft erfolgt? vergl. Overmann a. a. O. S. 578) als neue Abgabe der Vogthaber verlangt. Vergl. Knapp a. a. O. S. 34 ff.

seit langer Zeit, wohl noch seit den Zeiten der Villikationsverfassung kannte man in Südwestdeutschland den Handlohn oder Erschatz[1], die Abgabe bei der Übernahme des Gutes, und die Steuer, die bei dem Verkauf desselben[2] und bei dem Tode des Besitzers beigetrieben und je nach der Höhe des Betrages als Besthaupt oder Todfall bezeichnet wurde[3]. In Franken war auf dem Lande der Handlohn allgemein verbreitet; das Besthauptrecht scheint nur eine Einrichtung der kleineren Territorien gewesen zu sein[4]. In weiten Gebieten Schwabens war der Handlohn schon vor 1500 anzutreffen und ebenso das Besthauptrecht. Aber nicht überall. Es ist die Folge der Umbildung des Staates, dafs beide Abgaben nun allgemeiner werden; als die Leibeigenschaft ausgedehnt wird, als das Bestreben dahin geht, einen einheitlichen Unterthanenstand zu bilden, wird auch von denen, die bisher davon befreit waren, ein Handlohn und ein Besthaupt verlangt[5]; gewöhnlich, aber durchaus nicht immer werden beide zusammen eingeführt; man wird sich vor voreiligen Generalisationen hüten müssen. Noch in anderer Weise sucht man höhere Beträge aus dem Grund und Boden zu erzielen: wenn die Lehengüter erledigt sind, werden sie zertrennt und die einzelnen Teile dann als Lehen weiter behandelt; es ist das eine Mafsnahme, zu der die Landesherren[6] ganz zweifellos berechtigt waren.

Alle diese neuen Steuern, die man vielleicht als Erbschafts- und Grundsteuern bezeichnen kann, sind vornehmlich

---

[1] Zuweilen auch Auffahrt genannt (Ulrich Artzt X, S. 249).

[2] Zuweilen als Abfahrt bezeichnet (Ulrich Artzt a. a. O.).

[3] Wo das Todfallrecht besteht, hat der Grundherr ein Anrecht auf die ganze Mobiliarhinterlassenschaft, wo das Besthauptrecht, nur auf das beste Stück (Rind, Pferd, bei Frauen Kleid u. s. w.).

[4] Wohl möglich, dafs dieses Besthauptrecht mit der Leibeigenschaft, wie wir sie hier finden, in Zusammenhang zu bringen ist; in unserer Zeit wird es auf die Zinser, in Kempten z. B., ausgedehnt.

[5] Der Handlohn oder Erschatz läfst sich als neue Steuer nachweisen in Kempten (Akten S. 64), Kislegg (ibid. S. 116), in Oepfingen und Griesingen (Ulrich Artzts Korresp. X, S. 243; ob er in Baltringen ibid. S. 237 neu ist?), in Risstissen (ibid. S. 249), in Rottenacker (S. 255 u. 257) und in Schemmerberg (S. 260); in Bufsmannshausen (Korr. VI, S. 322) müssen die Erbgüter beim Verkauf mehr bezahlen, die Lehengüter, deren Handlöhne gestiegen sind, werden zertrennt; in der würzb. Abtei Schwarzach Handlohn erhöht (Fries II, 307 u. 316). — Das Besthaupt resp. der Todfall neu eingeführt in Kempten (seit 60 oder 70 Jahren 1525) (Akten S. 61 u. 63 [geg. Zinser nur Besthaupt]), in Kislegg (S. 116), in Langenerringen (S. 161), in Unadingen (S. 215), in Neustadt (seit 1523 cc. S. 217), in den „Telern" (hier nur dann ein „Fall" zu bezahlen, wenn ein Lehengut verkauft wird, S. 218), in Risstissen (Korresp. X, S. 249), ferner im würzb. Schwarzach (Fries a. a. O.).

[6] Nur diese, nicht die Grundherren. Denn nur bei den Lehengütern war es möglich, solche Teilung vorzunehmen; der Besitz der Hofbauern war gebunden (vergl. Knapp, Haunsheim S. 25).

die Steuern der kleinen Landesherren; sie lassen sich vor allem in Schwaben nachweisen, doch auch das „Bodengeld" im Rothenburgischen werden wir dazu zu rechnen haben[1]; wenn in der würzburgischen Abtei Schwarzach die Handlöhne erhöht sind, wenn in den bambergischen Städten für das Schreibgeld, das bis dahin bei Übernahme eines Grundstückes gezahlt wurde, der Handlohn gefordert oder, wo man ihn bereits kannte, gesteigert wurde[2], so beweist das, dafs man sich dieser Grundsteuer auch dort zu bedienen wufste, wo sie schon bekannt war.

So wird überall, wo es anging, der Grund und Boden höher bewertet; wo sich andere Wege empfahlen, wurden sie, wie wir sahen, eingeschlagen; jedenfalls wachsen allüberall die Ansprüche des Staates. Es ist klar, dafs man diese Thatsache, deren Berechtigung nicht immer ersichtlich war, als Willkür deutete und deuten mufste: aber es ist ebenfalls, denke ich, deutlich, dafs es nicht Willkür, dafs es die Folge der gänzlich veränderten Bedingungen des politischen Lebens war, wenn jetzt die Individuen auch in materieller Beziehung stärker an die Gemeinschaft, an den Staat gefesselt werden, wie er sich gebildet hatte.

Die Frage ist, ob sie diese stärkere Bindung unbeschadet ihrer Existenz vertragen konnten; die Frage ist, kaum aufgeworfen, schon bejaht; denn ein Unding wäre es, ein Selbstmord gewissermafsen, wenn der Staat seinen Mitgliedern unerträgliche Bedingungen auferlegen wollte. Wenn man dennoch die Frage hat geglaubt verneinen zu müssen, so ist nicht nur der Mangel eindringender Erkenntnis in die Eigenart kleinstaatlichen Lebens, die Vorliebe daran schuld, Bemerkungen, die man bald hier, bald da gemacht hat, zu verallgemeinern, sondern auch demokratische Tendenz und die Doktrin, die das 19. Jahrhundert mit seiner neu erworbenen politischen und wirtschaftlichen Freiheit erzeugte, und die von einem falschen, unhistorischen Begriff der Freiheit und von einer starken Überschätzung der materiellen Güter im Leben ausgeht.

Obwohl wir also denen nicht zustimmen können, die aus einem wirtschaftlichen Notstand heraus die Erhebungen des

---

[1] Vergl. S. 36 Anm. 1.
[2] Vergl. Art. 6 u. 8 der Beschwerden der „Stet des Bambergischen Stifts" (Bamberg. Archiv. Bamberger II. Serie der Bauernkriegsakten. Fasc. II, 8): Der Handlohn, den der Lehnsherr nach dem Tode des Besitzers von dessen Erben haben will wider altes Herkommen, soll abgeschafft werden; sie wollen wie früher nur ein „ziemliches, leidliches" Schreibgeld geben (Art. 6). Wenn einer Zinslehen kauft, so will der Lehnsherr gleich von 10 fl. 1 fl. zum Handlohn haben, während früher nur von 20 fl. 1 fl. gegeben worden ist (Art. 8).

Bauernstandes im 15. und 16. Jahrhundert erklären wollen, so wird es doch angebracht sein, auch der wirtschaftlichen Verhältnisse, wie sie sich im 15. und 16. Jahrhundert entwickelt haben, wenn auch nur skizzenhaft zu gedenken. Denn dafs sie zu den Bewegungen im Bürger- und Bauernstand ein gut Teil beigetragen haben, wird im Ernste niemand leugnen wollen.

Drittes Kapitel.

Die wirtschaftlichen Verhältnisse in Südwestdeutschland vor dem Bauernkriege[1].

Mit dem 14. Jahrhundert war der Ausbau des deutschen Landes, vor allem natürlich des altbesiedelten Gebietes im Westen und Süden vollendet. Nur ganz vereinzelt lassen sich noch Rodungen im Walde zu dem Zwecke, baufähiges Land zu gewinnen, für spätere Zeit nachweisen[2]. Im Osten finden die Deutschen keinen Platz mehr zur Kolonisation: der Slawe stellt dem Deutschen von nun an seine Kraft entgegen.

Die Epoche der Stadtgründungen ist zu Ende; wenn sich auch Bürger und Bauer im Südwesten nie so scharf von einander trennen, wenn auch trotz aller Antagonien zwischen Städten und Territorien hier nie ein solcher Bürgerstolz erwacht wie im Norden[3], die Scheidung in zwei Berufsstände war von nun an wie in Schwaben so auch in Franken und am Rhein gegeben[4]; die Faktoren des wirtschaftlichen Fortschrittes waren vorhanden.

---

[1] Vergl. zu diesem Kapitel vor allem K. Th. v. Inama-Sternegg, Deutsche Wirtschaftsgesch. III, 1 (Leipzig 1899) — die zweite Hälfte des Bandes steht leider noch aus —, dann G. Schmoller, Strafsburger Tucher- und Weberzunft, und die angeführten Werke von Gothein (auch dessen Aufsatz: Die Lage des Bauernstandes am Ende des Mittelalters, vornehmlich in Südwestdeutschland, in der Westdeutschen Zeitschrift IV [1885]) und Bücher. Lamprechts Wirtschaftsleben behandelt bekanntlich vornehmlich nur die Zeit bis 1400; seine Aufsätze in den Preufs. Jahrbüchern Bd. 56 (1885), in der Westdeutsch. Ztschrft. VI (1887) und in der Zeitschrift f. Social- und Wirtschaftsgesch. Bd. I (1893), die das 15. und 16. Jahrhundert zum Gegenstand haben, sind verarbeitet resp. abgedruckt in seiner Deutschen Geschichte Bd. IV u. V.

[2] Für das 16. Jahrhundert z. B. in der Schwarzwaldgegend; hier werden noch 1525 Reutzinsen erhoben (vergl. K. Hartfelder, Bauernkrieg u. s. w. S. 40 u. S. 352). Vergl. auch die „Reittinen" im Gebiete des Abtes von Ochsenhausen (Korr. d. Ulrich Artzt X, S. 247).

[3] Vergl. Gothein, Lage des Bauernstandes S. 3/4.

[4] Nach Inama-St, a. a. O. S. 39, unterscheidet die deutsche Sprache bereits seit dem 12. Jahrhundert Bürger- und Bauernstand als Berufs-

Das 15. und 16. Jahrhundert ist die Zeit, da Südwestdeutschland in materieller Beziehung in nie geahnter Weise emporblühte. Zeitgenossen, Einheimische wie Fremde, haben das staunend verfolgt und mit ihrer Bewunderung nicht hintangehalten, und noch heute ruht der Blick des Forschers ganz besonders gern darauf.

Handel und Verkehr nehmen zu und wecken überall neues Leben. Die Jahrmärkte verschwinden in den grofsen Städten, an ihre Stelle treten die Kaufhäuser, die dem gesteigerten Verkehr viel besser entsprechen[1]; in das 16. Jahrhundert fällt die Blütezeit der Frankfurter Messe[2]. Der rege Verkehr mit Italien, über die Alpen und die Donau hinauf, lockt die Fremden nach Deutschland; Italiener lassen sich hier und dort nieder; die Zeit beginnt, da der italienische Hausierer dem deutschen Krämer der schlimmste Konkurrent wird[3]. Der Kleinbetrieb wird intensiver: wir befinden uns in der Zeit, da sich die Meister und Gesellen scheiden, da der Zunftzwang emporkommt, ausschliefslich einer Zunft anzugehören[4]. Wo keine Industrie besteht, wird sie ins Leben gerufen. Neben dem Kleinbetrieb erobert sich ein Grofsbetrieb den Platz, der nicht mehr nur für den Bedarf im Lande, sondern vor allem für den Export arbeitet; die Metallfabrikation liefert feinere Waren, mit denen sie den wirtschaftlichen Wettstreit bestehen kann, Leinwand und Tuch werden Gegenstände des Grofshandels[5].

Die Städte erhalten unter diesen Umständen eine ganz andere Physiognomie. Vor allem natürlich jene grofsen Städte, die dem Handel und Verkehr ihre Gröfse verdanken. Die Geschlechter und die Zünfte, die sich einen Einflufs auf die Besetzung des Rates verschafft hatten, werden reicher; im Gefolge des Reichtums kehrt die Kunst in die Häuser und in die Städte ein. Es ist nur naturgemäfs, dafs sich in dem wirtschaftlichen Konkurrenzkampf auch die Zahl der Armen vermehrt, für die nun zu sorgen Aufgabe der städtischen Verwaltung wird. Man hat behauptet, dafs zwischen Arm[6] und

---

stände; Bücher S. 681 scheint anzunehmen, dafs erst im 15. Jahrh. diese Worte zum Ausdrucke berufsständischer Unterschiede werden. Vergl. auch Bücher S. 263 (Bedeordnung. des XV. Jahrh.).

[1] Vergl. Gothein, Wirtschaftsgesch. S. 462.
[2] Vergl. Bücher S. 504.
[3] Vergl. Gothein a. a. O. S. 466.
[4] Vergl. Schmoller S. 473.
[5] Vergl. Gothein S. 158 und Fr. Eulenburg, Städtische Berufs- und Gewerbestatistik (Heidelbergs), in der Zeitschrift f. d. Geschichte des Oberrheins XI, S. 105, die als Gegenstände des Grofshandels Metallwaren, Leinewand, Tuch, Wachs und Pfeffer bezeichnen.
[6] Ich möchte hier darauf hinweisen, dafs es falsch ist, wenn man das Wort „arm" für diese Zeit in dem Sinne anwendet, den man heute damit gewöhnlich verbindet. F. Rachfahl, Zur österr. Verwaltungsgeschichte a. a. O. S. 1115, hat darauf neuerdings wieder aufmerksam

Reich, zwischen der Gemeinde[1] auf der einen und den Zünften und Geschlechtern auf der anderen Seite ein schroffer Gegensatz entstanden, dafs die Übermacht der grofsen Kaufleute ganz unerträglich geworden sei; davon kann nicht die Rede sein[2]. So selbstverständlich es ist und so wenig das irgend jemand leugnet[3], dafs in den grofsen Städten in allen den Kreisen, die an der Regierung nicht teilnehmen, immer unzufriedene Elemente vorhanden sind, so wenig wird man einen solchen Gegensatz doch hier nachweisen können: er ist nie in die Erscheinung getreten. Die Vorliebe zu Generalisationen ist es gewesen, die einen gewissen Widerstreit, den man in den kleineren, weniger kapitalkräftigen Städten hier und da zwischen der Regierung und den Regierten konstatieren kann, zu einem Gegensatz zwischen Arm und Reich in allen grofsen Städten erweitert hat[4].

Auch in den kleineren Städten hat Handel und Verkehr Veränderungen hervorgebracht, wenn auch natürlich nicht in dem Mafse wie in den gröfseren, die wir bisher betrachteten. Und gewifs nicht nur in der Weise, dafs die Bekanntschaft mit fremdländischen Waren zu einer höheren Lebenshaltung den Anlafs gab. Neue Produktionszweige mögen hier entstanden sein und alte mögen begonnen haben, für den Export zu arbeiten. Erst jetzt, da Nürnberg immer bedeutender anwuchs und seine Volkszahl immer gröfser wurde, mag Rothen-

---

gemacht, dafs die armen Leute nur die seien, die im Gegensatz zu anderen eine geringere Geltung in politischer Beziehung besitzen, nicht aber die, die in materieller Beziehung schlecht gestellt sind.

[1] Vergl. dazu Lenz in der Kritik Lamprechts S. 397 und Zwei Streitschriften S. 63. Vergl. auch Anm. 3.

[2] Vergl. Lenz S. 397—403. Vergl auch Anm. 3.

[3] Lamprecht (Zwei Streitschriften S. 65 ff.) und Kaser, Polit. u. sociale Reformbewegungen u. s. w., behaupten, Lenz leugne das. Kaser stellt einen Gegensatz auf zwischen Lamprecht, der nur die untersten Schichten der Bevölkerung, und Lenz, der nur die Handwerker für die Bewegungen der Reformationszeit verantwortlich machen wolle: er will demgegenüber, vermittelnd, nachweisen, dafs beide Kreise am Aufruhr teilgenommen haben (S. IV). Dieser Gegensatz zwischen Lamprecht und Lenz ist nicht vorhanden. Lenz leugnet durchaus nicht, dafs die unteren Schichten sich beteiligt haben: was er gegen La. behauptet, ist nur, dafs die Handwerker die Unruhen „begonnen" haben, dafs sie „die Träger der revolutionären Forderungen" gewesen sind, dafs sie also der Bewegung den Stempel ihres Geistes aufgedrückt haben (S. 397). Dafs Lenz damit recht hat, beweisen gerade die Ausführungen, mit denen Lamprecht seinen Gegner schlagen will (Zwei Streitschr. S. 71 — erst Streit zwischen dem Rat und einzelnen Zünften, dann Unruhe der unteren Schichten).

[4] Es ist zu beachten, dafs Lamprecht auf einen Gegensatz zwischen grofsen und kleinen Städten erst durch Lenz hingewiesen worden ist. In der Deutschen Gesch. Bd. V (vergl. vor allem S. 73 f.) ist davon noch keine Rede, dafs die Verhältnisse in den grofsen Städten andere gewesen seien als in den kleinen.

burg der „Nürnberger Kornboden" geworden sein[1]. Aber man darf diese Veränderungen nicht zu hoch einschätzen. Wie in Frankfurt die direkt produktiven Berufsarten überwiegen[2] und in den Bedeordnungen als zu besteuernde Vermögensobjekte in der Hauptsache landwirtschaftlicher Besitz, sowie selbsterzeugte Verbrauchsvorräte, aber nur selten Handelskapital und Kaufmannsware erwähnt werden[3], so ist auch in Rothenburg der Handel kein grofser. Erst 1525 wünschen die Bürger, dafs sie drei Stunden vor den Fremden zum Verkaufe zugelassen werden. Man merkt daraus, dafs der Handel noch im Aufsteigen begriffen ist: eben darum wollen die Bürger der Stadt gewisse Vorteile vor den Fremden erhalten.

Während man für die Reichsstädte, die, wie schon bemerkt, die bedeutenderen Städte sind, und für die Bürger im grofsen und ganzen doch die günstigen Folgen des wirtschaftlichen Aufschwunges zugegeben hat, hat man solche für die Territorialstädte und für die Bewohner des Landes nicht wahrhaben wollen[4]. Dem Aufschwung der Städte entspreche ein Niedergang der landbebauenden Kreise der Bevölkerung, so ist ziemlich einstimmig das Urteil. Und doch ist nichts weniger richtig wie das.

Während im Norden Deutschlands die Abwandlung in den politischen Verhältnissen, die wir verfolgt haben, dem Bauernstande zwar nicht geschadet — wer möchte das im Ernst behaupten? — aber doch in dem niederen Adel einen mächtigen Konkurrenten geschaffen hat, ist sie dem Bauern des Südwestens eher zu gute gekommen, und hat sie sein Selbstgefühl gehoben. Es ist bekannt, dafs sich der Ritter Norddeutschlands seit dem 15. Jahrhundert, ob er nun im Westen den Meier abmeierte[5], ob er im Osten einen geschlossenen Grofsgrundbesitz und einen Grofsbetrieb gründete[6], überall in der Landwirtschaft beschäftigte, als er nicht mehr allein für das Land die Waffen zu tragen hatte, und friedlichere Zeiten die kampferfüllten des Mittelalters abgelöst hatten: wenn er auch

---

[1] Vergl. Heerwagen, Lage des Bauernstandes S. 110.
[2] Bücher, S. 295. Für die Landstadt Heidelberg hat Eulenburg a. a. O. S. 105 Ähnliches festgestellt.
[3] Bücher S. 263.
[4] Gothein (Lage u. s. w. S. 12) ist, soweit ich sehe, neben Lenz (Kritik Lamprechts 403 ff.) der einzige, der die wirtschaftliche Lage der Bauern nicht für so schlimm ansieht als die übrigen. Nach ihm haben die socialen Mifsstände den Bauern zur Empörung veranlafst, vor allem die Thatsache, dafs der Ritter eine Grundrente bezog, für die auch nicht die geringste wirtschaftliche Leistung erfolgte. G. nimmt also ebenfalls eine besondere Antipathie der Bauern gegen den Adel an, die, wie ich demnächst nachzuweisen hoffe, in dem Mafse nicht vorhanden gewesen ist: im Bauernkriege tritt sie als prinzipielle Antipathie nicht hervor.
[5] Vergl. Wittich, Grundherrschaft S. 381 ff.
[6] Vergl. G. Fr. Knapp, Bauernbefreiung S. 31.

noch seine politische Stellung beibehielt, wenn er auch noch nicht der Agrarier des 19. Jahrhunderts war, die Inklination nach dieser Richtung hin ist deutlich. Ganz anders im Südwesten. Hier ist es durchaus falsch, von einem Gutsbetriebe des Herrn zu sprechen; kein Fall von Bauernlegung ist bekannt[1]; die Lehen des Herrn sind wieder an Bauern verliehen, der Herr ist Renteninhaber und nur in einer Rente spricht sich im allgemeinen die Abhängigkeit des Bauern aus. Allerdings ist sein Besitzrecht nicht durchaus sicher, und nur, wenn er den Handlohn leistet[2], folgt der Sohn dem Vater im Besitze nach. Aber wenn der Bauer seinen Besitz nicht verkommen läfst, wenn er ihn seiner Verpflichtung nach „bawet" und den Zins aus dem Gute rechtzeitig entrichtet, so fühlt sich der Herr nicht veranlafst, gegen ihn vorzugehen; so wenig rechtlich die Erbfolge jetzt, da das Lehnswesen immer weiter sich ausgedehnt hat[3], fest bestimmt ist, so gewöhnlich bleibt doch das Gut in der Familie; nur dafs hier und da die weiblichen Angehörigen ausgeschlossen sind[4]. Der Bauernstand ist also in wirtschaftlicher Beziehung vom Grundherrn durchaus unabhängig; vornehmlich, soweit die Körnerproduktion in Betracht kommt[5], nimmt er eine wirtschaftliche Sonderstellung ein, die der des Bürgerstandes entspricht: wie die Stadt so hat auch das Dorf eine weitgehende Selbstverwaltung sich erhalten[6], die an die der alten Markgenossenschaft erinnert, und die in den Weistümern deutlich zum Ausdruck kommt; noch haben diese ihre Bedeutung nicht verloren. Das Selbstbewufstsein des Bauern mufste infolge dieser Verhältnisse zunehmen.

Und es mufs es vor allem deshalb, weil der Bauernstand in der Volkswirtschaft eine immer gröfsere Rolle zuerteilt erhielt. In dem Mafse, als Handel und Verkehr stiegen, und die Bevölkerung in den Städten wuchs, gewinnen naturgemäfs die Produkte bäuerlicher Beschäftigung einen gröfseren Wert. Man kann beobachten, dafs das Land immer intensiver bebaut wird: mehr und mehr wird das Brachland, das einen Teil des Jahres freilag, um vom Vieh zur Weide benutzt zu werden, zur Bebauung herangezogen; hier und da kommt eine Be-

---

[1] Vergl. Gothein, Lage S. 12.
[2] Vergl. S. 38.
[3] Vergl. Inama-Sternegg a. a. O. S. 41/2, namentlich S. 42 Anm. 1 uud 2.
[4] Vor allem in Franken kann ich das nachweisen. Die Artikel der Bamberger Bauern verlangen ziemlich allgemein, das Mannlehen, „so einer on menlich erben mit tod abging, sollichs frauenn und meiden zuleihen".
[5] Vergl. Inama-Sternegg S. 380.
[6] Vergl. die Arbeit von Heerwagen S. 21—53, die eine auf reichstem und schwer zugänglichem Material beruhende Darstellung der Selbstverwaltung bringt; vergl. auch Inama-Sternegg, S. 64/5, 116/7, 280/1.

sömmerung der Brache auf[1]. Garten- und Beundeland, das früher zum Anbau von Futterkräutern und Schmalsaat, Hülsenfrüchten gedient hatte, wurde jetzt zur Grundlage eigener bäuerlicher Wirtschaften gemacht[2]; eine Arbeitsteilung führt sich hier ein, die ebensosehr in der besseren Einsicht, in der Notwendigkeit, den Boden mehr auszunützen, ihre Wurzel hat als in dem Wunsche, für den Markt und nach Mafsgabe des in der Stadt herrschenden Geschmackes zu produzieren. Wenn auch die Güterteilung, die im ausgehenden Mittelalter zu bemerken ist, ihren vornehmsten Grund in der Zunahme der Bevölkerung hat, so hindert doch nichts, auch die Notwendigkeit intensiverer Bebauung als Grund dafür anzuführen. Jedenfalls ist es klar, dafs die Zerschlagung der alten Hufen in halbe, Viertels- oder sogar Achtelshufen, die das Tauberthal[3], vielleicht auch der Bruhrain, die Ortenau und das Würtembergische Neckarthal[4] kennen, dazu Veranlassung gegeben hat. Nicht überall wird die Folge davon eine Überproduktion gewesen sein, die dem Bauern ermöglicht hätte, neben dem, was er an den Grundherrn abzuliefern hatte, und was er für sich und seine Familie gebrauchte, noch dem städtischen „Fürkäufer" gröfsere Mengen ländlicher Produkte zu verkaufen. In Schwaben, wo die Viertelshufe, also ein Gut von drei bis vier Hektar oder sechs bis acht Morgen, das bäuerliche Normalgut geworden war[5], wird das im allgemeinen nicht anzunehmen sein[6]; dagegen wird man für das weniger dicht bevölkerte Franken[7], wo die Teilung der Güter noch nicht so weit gediehen war, die Annahme wagen dürfen.

Noch nach einer zweiten Seite hin gewann der Bauer für die Stadt eine immer gröfsere Bedeutung. Wie der Früchte des Bodens so bedurfte die Stadt in immer steigendem Mafse des Viehs und des Fleisches: auch damit sah sie sich vornehmlich auf den Bauern angewiesen, wenn auch nicht auf ihn allein. Denn alle Städte des Südwestens hatten im ausgehenden Mittelalter, wenn man auch in ihrem Leben einen starken landwirtschaftlichen Zug nicht feststellen kann[8], und

---

[1] Vergl. Inama-Sternegg S. 323 ff.
[2] Vergl. Inama-Sternegg S. 320/1.
[3] Hier hat sie Heerwagen a. a. O. S. 111 nachgewiesen: Bensen meint dazu, dafs die Achtelshufe (Hufe = 13,2 ha. [Inama-Sternegg 213 f.] = 26,4 Morgen) in der reichen Rothenbg. Gegend noch grofs genug war, um eine Familie hinreichend zu ernähren.
[4] Von diesen Gegenden behauptet Gothein, Lage S. 5, wenigstens, dafs sie die Gebiete äufserster Güterzersplitterung gewesen seien.
[5] Inama-Sternegg S. 218 und Anm. 2. Für Franken vergl. ibid. 218.
[6] Höchstens im Schwarzwald, wo die Höfe einen gröfseren Umfang behalten hatten. Vergl. Gothein, Lage S. 5.
[7] Inama-Sternegg S. 23.
[8] Vergl. Rietschel, Markt und Stadt S. 142.

wenn es hier auch keine Märkte giebt wie im Kolonisationsgebiet, die kaufmännische und bäuerliche Ansiedlung verbinden[1], doch eine mehr oder minder grofse Allmende besessen, die nicht dem Ackerbau, sondern eben der Viehzucht diente[2]: es ist nicht ersichtlich, dafs darin in der Reformationszeit eine wesentliche Veränderung stattgefunden hätte. Wenn sich auch findet, dafs infolge des steigenden Verkehrs z. B. das freie Umherlaufen der Schweine in den Strafsen einer Stadt wie Nürnberg verboten wird[3], und dafs wohl infolgedessen das Vieh aus den Mauern der Stadt überhaupt verbannt wird, so wird doch die Stadt die Viehwirtschaft auf der Allmende nicht aufgegeben haben. Aber daneben hatte der Viehhandel doch seine grofse Bedeutung: wie er immer notwendig gewesen war[4], so weist alles darauf hin, dafs er noch immer mehr zugenommen hatte.

Die Möglichkeiten, wohlhabend und reich zu werden, sind also auch für den Landmann da; wie der Städter so kann auch er dem Luxus frönen; es ist bekannt, dafs er darin hinter dem Städter nicht zurückgestanden hat; aber nichts berechtigt uns, in sittlicher Entrüstung ihn darob zu tadeln.

Wenn nun auch der Bürger wie der Bauer reichlich Gelegenheit fanden, sich volkswirtschaftlich mehr bethätigen zu können, die Zeit freiester Entfaltung ihrer Kräfte war doch noch nicht gekommen. Auf Schritt und Tritt waren sie noch gebunden; der städtische Rat und die Landesherren, sie griffen ordnend und zielsetzend immer von neuem in ihre Angelegenheiten ein.

Das Prinzip der Handelsvormundschaft ist es, das in den Städten regiert. Man weifs, wie aufserordentlich strenge Bestimmungen die einzelnen Zunftordnungen bezüglich der Art und Weise der Arbeit enthielten; die Rücksicht auf den Besteller oder den Verkäufer war der Anlafs, die abgelieferte Ware genauestens prüfen zu lassen und, wenn sie solcher Prüfung nicht standhielt, sie zu vernichten. Alle Arbeit gilt als Amt im Interesse der Gemeinschaft, der der Einzelne angehört, und nur wenn der Mensch dieses Amt recht versieht, kann er florieren. Der Zunftgenosse, der Bürger fühlt sich wohl in dieser Abhängigkeit und unter dieser Kontrolle: wir hören nicht, dafs er sich darüber beklagt. Der weitere Blick, der dem Bürger im Vergleich mit dem Bauern dieser Zeit eignet, die Teilnahme am städtischen Leben, wo nicht gar als

---
[1] Vergl. Rietschel a. a. O. S. 121 f.
[2] Vergl. Gothein, Wirtschaftsgesch. S. 475. Dafs in Augsburg noch im 15. Jahrh. die Bürger Vieh halten, beweist der Umstand (vergl. Roth, Augsburgs Reformationsgesch. S. 33), dafs 1458 die Geistlichkeit verlangt, die Bürger sollten einen Blutzehnten geben.
[3] Janssen, Gesch. d. dtsch. V. I 13/14, S. 310.
[4] Gothein, Wirtschaftsgesch. S. 475 ff.

Mitglied des äufseren Rates, an der Verwaltung der Stadt mag ihm das Recht dieses Zwanges klar gemacht haben; es kommt dazu, dafs dieser Zwang schon älteren Datums war; die Zeit des wirtschaftlichen Abschlusses der Städte liegt in der Hauptsache vor der des wirtschaftlichen Abschlusses der Territorien. Es ist klar, dafs die Bildung des neuen Staates auf die wirtschaftlichen Verhältnisse der Territorien von gröfstem Einflusse gewesen ist. Jetzt erst wird das Territorium als eine wirtschaftliche Einheit gefafst, die Sonderinteressen können nur soweit Berücksichtigung finden, als sie den allgemeinen Interessen nicht zuwiderlaufen, sie müssen sich denen der Allgemeinheit beugen. Handelspolitische Mafsregeln werden getroffen, die einmal daraufhin abzwecken, auf die Produktion Einflufs zu gewinnen und sie in bestimmte Richtung zu lenken und sodann auf die verschiedenartigste Weise die wirtschaftliche Kraft des Territoriums zu heben und zu fördern und sie gegen feindliche Einwirkungen der Nachbarn zu schützen. Die Rechte der Gemeinden an der Mark werden eingeschränkt. Gemeindegüter werden von der Herrschaft beansprucht, um anderweitig nutzbringender verwandt zu werden. Die freie Benutzung des Wassers wird genommen: zur Hebung der Fischerei werden die fliefsenden Gewässer um einen Zins zur Benutzung an Fischer verliehen[1]. Vornehmlich um den Holzbestand des Waldes zu schonen, „damit die welt und holtzer nit, wie bifsher gescheen, so gar verhawen, verwust und verderbt werden"[2], wird der Wald landesherrlicher Verwaltung unterstellt; wo das nicht geschieht, wird wenigstens verboten, Holz aus den Wäldern zu schlagen oder gar zu verkaufen[3]; von dem Nachweise des Bedürfnisses soll der Holzbezug abhängig gemacht werden; gewisse Sorten zu gebrauchen wird untersagt[4]. In der freien Benutzung der „Wun und Weide" werden die Bauern beschränkt; hier und da mufs erst die Erlaubnis dazu eingeholt werden, den Wald für die Vieh- und Schweinezucht nutzbar zu machen[5]; der grundherrliche Grofsbetrieb, der immer mehr aufblüht, engt mit seinen grofsen Herden die Gemeinden mehr und mehr ein[6]. Denn wie die Handels- und Wirtschaftspolitik der kleinen Landesherren des

---

[1] Vergl. Inama-Sternegg S. 291/2, 378; Akten S. 194.
[2] Aus einem Erlafs für Krautheim und Ballenberg bei Heerwagen, Lage S. 51; vergl. auch Inama-Sternegg S. 285 ff. u. 371 ff., auch Jäger, Kasimir u. d. Bauernkrieg S. 135.
[3] Vergl. z. B. Akten S. 115 (Kislegg), S. 221/2 (Hausen).
[4] Z. B. in Zeill (Bamb.): Nach Art. 1 ist neben dem Eichenholz noch Buchen-, Espen- und Birkenholz verboten.
[5] Z. B. in Memelsdorff (Bamb.): Jeder soll Eicheln und Wildobst für sein Vieh und die Schweine schlagen dürfen (Art. 18).
[6] Zahlreich die Artikel der Bamberger Bauern über „unmäfsige Überlegung mit Schafherden". Vergl. noch Korr. d. Ulrich Artzt X, S. 242, 246, 247, 256.

Südwestens in dieser Zeit noch deutlich die Zeichen ihres Ursprungs aus der Sphäre der grofsen Grundherrschaft an sich trägt[1], so lassen sich die Grundherren durch die Rücksicht auf den Markt und seine Bedürfnisse bestimmen, gewisse Betriebe, die einheitlich geregelt sein wollen, selbst zu übernehmen; wie sie zuweilen[2] als Vermittler zwischen Produzent und Konsument erscheinen, so ist auch hier, wie in den Städten, damit eine gewisse Art der Handelsvormundschaft gegeben. Eben deshalb, weil die Tuchfabrikation in den Städten eine immer gröfsere Rolle spielte, werden jetzt die Schafherden fort und fort vergröfsert; viel mehr die Rücksicht darauf als auf den Fleischkonsum der Städte ist es gewesen, die dazu Veranlassung gab[3]. Noch in anderer Beziehung ist der städtische Markt auf die Haltung der Landesherren von Einflufs. Die Abgaben, die die Bauern zu leisten haben, müssen in der Qualität sich nach den Bedürfnissen der Stadt richten; die gezinste Frucht mufs Kaufmannsgut sein[4]. Weil infolge der verfeinerten Lebensführung der Bürger die Gartenkultur, der Wein- und der Hopfenbau immer gröfseren Wert gewinnen, behalten sich die Grundherren möglichst weitgehende Rechte an dem Gartenland und den Weinbergen vor[5]; die Gärtner, vor allem die Rebleute, sind zumeist nicht Eigner des Grund und Bodens, sondern Weinlandarbeiter, die auf fremdem Besitz safsen[6]; um den Betrieb zu steigern, wird der Boden in immer kleinere Teile zerschlagen.

Doch damit nicht genug, dafs der Staat auf diese Weise dafür sorgte, dafs alle seine wirtschaftlichen Kräfte angestrengt wurden: es läfst sich bemerken, dafs der Landesherr bestrebt war, dazu noch den einzelnen Betrieb zu heben; er streckt ihm zu Meliorationen Geld vor[7]; wenn Naturereignisse den Ertrag des Gutes geschmälert haben, auf den der Landesherr, vor allem in den kleinen Territorien, angewiesen war, so mag der Vorschufs dazu gedient haben, den Bauern über ein schlimmes Jahr hinwegzuhelfen[8]. Man hat immer behauptet,

---

[1] Inama-Sternegg S. 422.
[2] Z. B. in den vorderösterr. Gebieten. Hier Salzverkauf nur dem Landschreiber erlaubt (Akten S. 205). Vergl. auch Akten S. 221.
[3] Vergl. Inama-Sternegg S. 352 ff. Übrigens sind es nur die kleinen Landesherren, resp. die Reichsritter in Franken, die solche Herden sich zulegen.
[4] Vergl. Inama-Sternegg S. 328 f.
[5] Vergl. Inama-Sternegg S. 270 u. 381.
[6] Vergl. Eulenburg a. a. O. S. 91, Bücher S. 260.
[7] Vergl. Inama-Sternegg S. 405 f.
[8] Es scheint, dafs das in Schwaben der Fall gewesen ist. Die Klagen über zu hohe Beschwerung der Güter (so Akten S. 125, 162, Korr. X S. 249,6) können wenigstens recht gut damit erklärt werden, dafs das Geld von solchen Jahren her noch abzutragen war, und dafs das Gut infolgedessen für das Jahr 1525 zu hoch belastet erscheint. Doch können solche Klagen auch die Folgen von Naturereignissen des-

dafs sich eine bedeutende Verschuldung der landbebauenden Kreise der Bevölkerung nachweisen lasse; aus der Thatsache, dafs im Bauernkriege hier und da, doch, wie zu betonen ist, durchaus nicht überall[1], Klagen über zu hohe Belastung der Güter mit Gilten und Renten laut werden, hat man schliefsen zu müssen geglaubt, dafs die Bauern in die drückendste Abhängigkeit von dem städtischen Kapital gekommen seien; es ist höchst wunderbar und für die Art der Arbeiten zur Vorgeschichte des Bauernkrieges sehr charakteristisch, dafs noch nie die Frage aufgeworfen, geschweige denn beantwortet worden ist, ob nur das städtische Kapital oder nicht vielmehr auch der Grundherr, vielleicht sogar dieser allein, der Gläubiger des Bauern geworden ist[2]. Dafs die Frage ihre grofse Wichtigkeit hat, leuchtet ein: da wir kaum werden genauer feststellen können, ob die Verschuldung eine bedeutende gewesen ist — die Artikel der Bauern können ihrer Natur nach einen Anhalt dafür nicht geben —, so würden wir aus der Beantwortung dieser Frage einen Rückschlufs auf die Höhe wagen können; denn es läfst sich nicht denken, dafs der Landesherr eine Verschuldung zugegeben haben sollte, die die wirtschaftliche Leistungsfähigkeit seiner Unterthanen auf die Dauer herabgemindert hätte; zumal seit dem 15. Jahrhundert das Verbot, Zinsen zu nehmen, aufgehoben war[3], das ihn zu Präservativmafsregeln zwingen mufste. In der That spricht alles dagegen, dafs jene Behauptung richtig ist, und dafs die Städte in einem dem Landesherrn feindlichen Sinne die Bauern ausgewuchert haben. Einmal ist auch nicht der Schatten eines Beweises für die Richtigkeit der Behauptung beigebracht worden. Und sodann sind aus den verschiedensten Territorien Südwestdeutschlands nicht nur Bestimmungen bekannt wie die, dafs alle Kontrakte, überhaupt alle Veränderungen, die mit der Substanz des Gutes vorgenommen werden, der Kognition der Gerichte unterbreitet werden müssen, die dann die Erlaubnis zur Aufnahme von Gilten, von Überzinsen nicht allzu leicht

---

selben Jahres sein, etwa des Hagels, der bekanntlich als ein Anlafs zum Ausbruch des Bauernkrieges anzuführen ist; Klagen über zu geringe Berücksichtigung solcher Ereignisse sind häufig.

[1] Ich stelle hier die Artikel zusammen, die sich unzweifelhaft darauf beziehen lassen. Sehr selten findet sich ein Artikel darüber in Schwaben; soviel ich sehe, läfst sich hier nur der neunte Artikel der Rappersweiler Bauern (doch wo liegt Rappersweil?) anführen [Ulrich Artzt X, S. 254]: dafs hinfüro kain zins mer gegeben werden soll anderst dann von zwaintzigen ain, auch darmit ablösen. Sehr häufig sind die Klagen über die Unmöglichkeit, Erbzinsen und gekaufte Zinsen, wie sie wollen, abzulösen, in Bamberg. Vergl. auch Fries II, S. 199 (Meiningen).

[2] Gewöhnlich hängt die Vorstellung, dafs nur städtischer Kredit dem Bauern zu Meliorationen zugänglich gewesen sei, mit der andern von der völligen Verarmung des Adels zusammen.

[3] Vergl. Schmoller, Nationalökonom. Ansichten S. 556.

gaben oder doch für baldige Rückzahlung des Kapitals Sorge tragen mufsten[1], sondern auch generelle Verbote des Rentenkaufs und vor allem der unentgeltlichen Errichtung von ewigen Zinsen[2]. Ich denke, dafs diese Verbote und diese obrigkeitliche Regelung alles Kreditverkehrs genugsam beweisen, dafs von einer übermäfsigen Verschuldung und einer Verschuldung an das städtische Kapital allein nicht die Rede sein kann; ebenso wie die Stadt wird der Grundherr dem Bauern Vorschüsse gegeben haben[3]; wir haben dafür auch einen positiven Hinweis in der Thatsache, dafs in allen den Gebieten, in denen wir von einer Verschuldung des Bauern überhaupt hören, die Unterthanen sich eben an die Landesherren mit der Bitte gewandt haben, sie „der zinsen und der hauptsumme zu entledigen"[4]; welchen Sinn würde solche Bitte wohl haben, wenn die Landesherren nicht die Gläubiger der Bauern wären! Wie die Klöster und Stifter im ganzen Mittelalter mit besonderer Vorliebe ihr Geld dazu verwendet haben, die Landeskultur zu heben und zu fördern, so gehen jetzt also auch die anderen Grundherren, die Städte und die Landesherren, darauf ein: der bäuerlichen Produktion fliefsen immer neue Mittel zu.

Wenn der Landesherr darauf bedacht war, sein Land in wirtschaftlicher Beziehung immer mehr zu kräftigen, so mufste er auch andererseits dafür Sorge tragen, dafs seine Unterthanen gegen die nachteiligen Folgen der neuen wirtschaftlichen Verhältnisse, soweit es anging, geschützt wurden. Nicht nur, dafs auf die uns bekannte Weise einer stärkeren Verschuldung vorgebeugt wurde, nicht nur, dafs die Landesherren wie die Reichsstände überhaupt infolge der Anregung des Reichstags von 1500 die Rechtsverbindlichkeit wucherischer Geschäfte und Verträge aufheben[5], wie es scheint, vornehm-

---

[1] Vergl. Akten S. 115 (Kislegg), S. 193 (Stühlingen). Vergl. auch Schmoller, Ansichten S. 581, Baumann, Allgäu II, S. 633 u. 657. In Salzburg wurden alle Kauf- und Schuldbriefe und alle Bauerngüter berührenden Verträge durch die Grundherrschaften ausgefertigt (Pichler a. a. O. S. 331).
[2] Vergl. Inama-Sternegg S. 406 f.
[3] Ob die Juden die Bauern ausgewuchert haben, ist sehr fraglich. Abgesehen davon, dafs sich die Bauern 1525 nur höchst selten gegen die Juden äufsern, so finde ich auch sonst dafür keinen Anhalt; es ist noch zu untersuchen, ob überhaupt die Juden, die jetzt überall vertrieben wurden, sehr verbreitet gewesen sind in Südwestdeutschland. Vergl. Heerwagen S. 114 f., vergl. auch zu dem Verhältnis zwischen Juden und Landesherrn Gothein, Wirtschaftsgesch. S. 470 f. Dafs die Bauern dadurch in Schuld geraten seien, dafs sie auf bevorstehende Ernten Geld aufnahmen, ist unbewiesen. Beispiele für solche Geldaufnahmen nicht vor 1550. Vergl. M. Ritter, Gesch. d. Gegenreform. I, S. 47.
[4] So in Bamberg, z. B. Memmelsdorf, Boxdorf, Petstadt; vergl. auch Korr. X, S. 254.
[5] Vergl. Vogt, Vorgesch. des Bauernkrieges S. 26, auch Heerwagen S. 114.

lich in den kleineren Territorien, werden Luxusgesetze erlassen, die den zu grofsen Aufwand verbieten. So bedroht eine Verfügung der Herren von Schellenberg das „Borgen" eines „lindischen Tuches" mit Strafe[1]; eine Verordnung der Grafen von Wertheim verlangt die Einschränkung der Zahl der Hochzeitsgäste, eine andere geht gegen das übermäfsige Zechen vor[2]; wenn wir bemerken, dafs bei der Einschätzung der bäuerlichen Güter nach dem Bauernkriege in Schwaben[3] jede Taxation von Mobilien fehlt, die anderswo eine Rolle spielt, so weist das wohl darauf hin, dafs einmal die Mobilien keinen grofsen Wert besessen haben, und sodann dafs, wenn Luxusgesetze überhaupt hier überall notwendig gewesen sind, sie den gewünschten Erfolg jedenfalls gehabt haben. Aber solche Luxusgesetze wurden nicht überall erlassen: in Bamberg z. B., wo, wie wir zu bemerken glaubten, der Bauer selbst als Verkäufer ländlicher Produkte auf den Markt kam, finden wir den Luxus unter den Bauern weit verbreitet; in den zahlreichen Listen, die über das Vermögen der ausgetretenen Bauern aufgestellt wurden, werden Luxusartikel, wie das „lindische Tuch", dessen Wert oft auf 3—5 Gulden angegeben wird, häufig angeführt. —

Das Leben des Bauern ist uns nun auch nach der materiellen Seite hin bekannt geworden. Es hat sich nicht verschlechtert; dem allgemeinen Urteil, das dahin geht, können wir uns nicht anschliefsen; die Lage des Bauern ist im Gegenteil eine bessere geworden. Noch fortwährend wuchs seine volkswirtschaftliche Bedeutung; wer Einflufs hatte auf den Bauern, suchte sie noch zu heben.

Aber während der Bauer also im Fortschreiten begriffen war, fühlte er die Bande, mit denen er gebunden war, plötzlich schärfer angezogen. Nicht nur dafs die Abgaben jedes Einzelnen stiegen, dafs neue Leistungen von den Einzelnen gefordert wurden, auch die Bauernschaft als Ganzes, die Dorfgemeinde sah sich neuen Ansprüchen gegenüber und in alten Rechten beschränkt; alle Klassen der bäuerlichen Bevölkerung fühlten sich angegriffen.

Es ist nur natürlich, dafs sie die Berechtigung solcher Ansprüche und solchen Vorgehens nicht begriffen. Wenn in den Bewohnern des Landes im Vergleich mit den Bewohnern der Stadt überhaupt und vor allem in den Zeiten naturalwirtschaftlicher Gebundenheit ein geringeres Staatsgefühl lebt, wenn sein Gesichtskreis nur selten ein weiterer ist, so konnte er darin nur Akte der Willkür und des Eigennutzes sehen; die politischen Verhältnisse in der Form, in der sie sich hier

---

[1] Akten S. 211.
[2] Vergl. Heerwagen S. 112/3.
[3] Vergl. Akten S. 361—377.

im Südwesten eben jetzt entwickelt hatten, mufsten ihn zum Widerspruch veranlassen.

War so eine gewisse Gährung schon vorhanden, die des öfteren zum Ausbruch gelangte, den tieferen Antrieb und das Ziel gaben der Bewegung erst die religiösen, die kirchlichen Verhältnisse. Indem die Theologen die Existenzberechtigung bestehender kirchlicher Institute bestritten und die Grundlage der allgemeinen Überzeugung aufs nachhaltigste erschütterten, kamen sie der populären Bewegung entgegen: man weifs, dafs mit dem Evangelium die Bauern die Berechtigung ihrer Forderungen haben erweisen wollen.

Es ist notwendig und zum Verständnis des Bauernkrieges unumgänglich, dafs wir noch der kirchlichen Verhältnisse in Südwestdeutschland gedenken, wie sie vor der Reformationszeit waren.

Viertes Kapitel.

Kirche und Staat in Südwestdeutschland vor 1525.

Für das Verhältnis von Kirche und Staat ist das 15. Jahrhundert von höchster Bedeutung. Jetzt, da das alte imperium immer mehr zerfällt, da die Vogteigewalt des Kaisers immer schwächer wird und die neue Staatenwelt sich heranbildet, sieht sich die römische Kirche gezwungen, ganz neuen Verhältnissen gegenüber Stellung zu nehmen. Wir bemerkten schon, dafs jetzt der Papst darauf verzichten mufs, wie früher in die kirchlichen Angelegenheiten Deutschlands entscheidend einzugreifen; das Recht der einzelnen Diözesen, deren geistliche Interessen der Adel im Domkapitel vertritt, sich ihr geistliches Oberhaupt selbst zu wählen, ist jetzt durchaus gesichert. Die einzelnen Bistümer und Abteien werden jetzt, da ihnen gegenüber die weltlichen Gebiete sich zum Staate zusammenschliefsen, gezwungen, auch ihrerseits weltlichen Interessen nachzugehen; so wenig das mit dem geistlichen Amt verträglich war, man kann sagen, dafs ihr Grundbesitz sie dazu nötigte. Nicht überall war das der Fall: in den grofsen Territorien des Kolonisationsgebietes werden die Bistümer und Abteien von den Landesherren in weitestgehender Weise beeinflufst; der geistliche Charakter kann hier, wo die Vogteigewalt stärker entwickelt ist, besser gewahrt werden. Aber im altbesiedelten Gebiete, im Nordwesten früher, im Südwesten später, bilden sich eben jetzt aus den Diözesen geistliche Staaten: da sie am Reichsoberhaupte nicht mehr genügenden Schutz finden, so müssen sie sich selbst zu schützen suchen. Im Nordwesten kommt die Sitte auf, die jüngeren Söhne der mächtigeren Häuser zu den geistlichen Würden zu wählen: das Interesse der geistlichen Territorien wird dadurch mit dem der weltlichen enger verknüpft. Im Südwesten aber blieben die geistlichen Staaten ganz auf sich gestellt: hier, wo der Reichsritterstand im Domkapitel die Hauptrolle spielte, und wo er noch die vornehmste militärische Stütze war, finden wir nicht die Söhne der gröfseren Fürstenhäuser als Bischöfe oder Äbte vor; die südwestdeutschen geistlichen Territorien ordnen sich der Staatenwelt, die hier entsteht, als in jeder Beziehung selbständige politische Gemeinwesen ein.

Es konnte nicht ausbleiben, daſs das zu den widerwärtigsten Verhältnissen zwischen den weltlichen und geistlichen Territorien führte. Denn, wie die geistliche Regierung der Bischöfe und Äbte eine umfangreichere war, als ihre weltliche, wie die weltlichen Herren sich eine Vogteigewalt über Klöster erhalten oder erst erworben hatten, so griff der geistliche Herr in die inneren Angelegenheiten seiner weltlichen Nachbarn ein. Man kennt die immer erneuten Klagen über die geistliche Gerichtsbarkeit, darüber, daſs sie sich ausdehnt: es braucht nur daran erinnert zu werden, um sofort Klarheit darüber zu schaffen, wie gespannt sich das Verhältnis zwischen Staat und Kirche vor der Reformation gestaltet hatte.

„Bei dem engen Zusammenhange geistlicher und weltlicher Dinge fochten unter diesen Verhältnissen die weltlichen Herrschaften einfach um ihre Existenz, wenn sie sich gegen kirchliche Übergriffe möglichst sicherzustellen suchten"[1]. Es ist bekannt, daſs im 15. Jahrhundert die Landesherren das Beispiel der Städte nachahmen und den Vermögenserwerb der Kirche einschränken; keine Pfarren werden mehr den Stiftern oder Klöstern inkorporiert; über die Pfarren, die noch neu gegründet werden, behalten sich Städte wie Landesherren das jus patronatus vor; wenn es in den Klöstern zu arg hergeht, so schreiten sie wohl dagegen ein; dem Bestreben der Klöster, das Einkommen der Vikare zu schmälern und das erlaubte Minimum der congrua noch herabzusetzen, widersetzen sie sich, wo es geht. Die Ansätze zu einem Landeskirchentum waren auch in diesen kleinen Staaten gegeben.

Die Reformationszeit kam; man weiſs, daſs sie die Landeskirchen erst recht fest fundiert hat. Die lutherische Lehre von der allgemeinen Priesterschaft der Gläubigen, die Angriffe des Reformators auf den Character indelebilis der Geistlichkeit muſsten dem Bestreben der Landesherren, auch auf geistlichem Gebiete die Obrigkeit für ihre Unterthanen zu sein, ebenso förderlich sein wie die prinzipiellen Bedenken, die gegen das Mönchtum als eine Institution der Kirche Christi erhoben wurden. Überall ergeben sich so neue Streitpunkte zwischen Staat und Kirche: die Kirche ward in ihrem Grunde angegriffen; den Landesherren muſste das zu gute kommen.

In der Opposition gegen die Klöster, in dem Wunsche, sie zu beseitigen, treffen die Landesherren mit ihren Unterthanen zusammen.

---

[1] M. Lehmann, Preuſsen und die katholische Kirche. Bd. I, S. 19, über die niederrheinischen Verhältnisse.

Es ist nicht nötig, die sittlichen Verhältnisse in den Klöstern als Grund für die Haltung der Bauern ihnen gegenüber anzuführen. Wenn auch die Vorwürfe gegen die Sittenverderbnis der Mönche und Nonnen in vielen Fällen zutrafen, so waren doch jene Reformen im Geiste der Bursfelder Kongregation auch hier getroffen werden[1]; das Leben war auch hier ein besseres geworden. Das war es also im allgemeinen nicht, was die Bauern gegen die Klöster einnahm. Vielmehr war es die Eigenschaft des Klosters als Grundbesitzers, die Abhängigkeit der Pfarrer von den Klöstern, die den Unwillen der Bauern in steigendem Maſse erregte. Nirgends vielleicht war der Vorwurf der Verweltlichung, den man dem Klerus dieser Zeit überhaupt machte, berechtigter, als dieser Institution der Kirche gegenüber. Die Kapitel und die Stifter bildeten sich zur obersten geistlichen Behörde in der Diözese oder der Parochie aus: wenn sie auch ihre Mitglieder nicht mehr zur eigenen Ausübung der Seelsorge anhielten, so hatten sie doch einen anderen Zweck zu erfüllen. Den Klöstern gegenüber suchte man vergeblich einen Zweck ihrer Existenz herauszufinden; sie waren alte historische Einrichtungen der Kirche, die das Recht auf das Dasein verloren hatten; man suchte sie zu Stiftern umzubilden; die Thatsache, daſs auch sie eine Reihe von Pfarren zu besetzen hatten, legte das nahe; aber nicht überall ging es: weltliche und geistliche Interessen kamen bei dieser Frage in Widerstreit. So blieben denn eine Menge Klöster in ihren alten Formen bestehen: wenn auch die Konventualen oft selbst als Pfarrer das Wort Gottes verkündigten, es geschah nicht überall; die Antipathie gegen die Klöster wuchs. Und sie wuchs in dem Grade, in dem sie angegriffen wurden. Die Frage nach dem allgemeinen Nutzen ward von den Reformatoren verneint; Mönche entfernten sich aus den Klöstern, um von nun an gegen sie zu eifern; die Pfarrer, die von den Klöstern eingesetzt und schlecht besoldet waren, nahmen ebenfalls gegen sie Partei; da die Klöster immer die Absetzbarkeit der Pfarrvikare auch gegen den Wunsch der Bischöfe durchgesetzt hatten[2], so sahen jene sich in ihrer Existenz bedroht; eine allgemeine Erregung kam durch die Pfarrgeistlichkeit in die Massen. Die Klöster, von zwei Seiten angegriffen und von ihrer geistlichen Obrigkeit schlecht unterstützt, muſsten aus dem Triebe, sich selbst zu erhalten, heraus die Freiheit des göttlichen Wortes unterdrücken. Es ist klar, wozu das führen muſste. Diese Unterdrückung des Evangeliums, das eben jetzt den Laien wieder zugebracht war, muſste für den Zündstoff, der überall gespeichert lag, der Funke sein.

---

[1] Vergl. Baumann, Gesch. des Allgäu II, S. 364.
[2] Vergl. Baumann, Allgäu II, S. 461 f.

XVIII 4.

Wir sehen, wie der Bauernkrieg sich vorbereitet, wie er herannaht. Auch die Herren selbst merkten das Nahen des Sturms; aber den elementaren Gewalten, die sich hier äufsern sollten, standen sie machtlos gegenüber: sie wufsten nicht, wie ihnen begegnen. Wir hören, wie man im Reichstag darum sorgt, dafs ein Aufruhr stattfinden werde: man weifs, dafs man ihm vorzubeugen die Pfarrer nicht angreifen dürfe; oftmals hat Planitz darüber an seinen Herrn geschrieben. Aber wie wollte man das verhindern? Es war nicht möglich, eine Einigkeit im Reiche zu erzielen: die Interessen der Hierarchie, der Geistlichkeit, wie sie in Deutschland konstituiert war, mufsten dem entgegenwirken, dafs die neue Meinung weiter um sich greife. Als sich die angegriffene Kirche wieder auf sich selbst besann, als sie wieder festen Fufs zu fassen anfing, brach der Bauernkrieg aus.

Printed by Libri Plureos GmbH
in Hamburg, Germany